NE능률 영어교과서

대한민국 고등학생 **10** 명 중 **4.7** 명이 보는 교과서

영어 고등 교과서 점유율 1위
(7차, 2007 개정, 2009 개정, 2015 개정)

리딩튜터

그동안 판매된
리딩튜터 1,800만 부
차곡차곡 쌓으면 18만 미터

에베레스트 20 배 높이

180,000m

에베레스트 8,848m

능률보카

그동안 판매된
능률VOCA 1,100만 부

대한민국 박스오피스
**천만명을 넘은 영화
단 28개**

그래머존

그동안 판매된 400만 부의 그래머존을 바닥에 쭉 ~ 깔면
1000km 서울 - 부산 왕복가능

서울

부산

NELT
문법 실전 모의고사 LEVEL 2

지은이	NELT 평가연구소
선임 연구원	김지현
연구원	윤인아, 백인경, 이연송
영문교열	Angela Lan
디자인	민유화
맥편집	김미진
영업 책임	김영일

Let's grow together

NE능률이
미래를
창조합니다.

건강한 배움의 고객가치를 제공하겠다는 꿈을 실현하기 위해
42년 동안 열심히 달려왔습니다.

앞으로도 끊임없는 연구와 노력을 통해
당연한 것을 멈추지 않고

고객, 기업, 직원 모두가 함께 성장하는 NE능률이 되겠습니다.

NE 능률

NELT

Neungyule English Level Test

문법 실전 모의고사

LEVEL 2

NELT(Neungyule English Level Test)란?

NELT(넬트)는 영어교육 전문기업 NE능률이 한국 교육과정 기준으로 개발한 IBT(Internet Based Test) 방식의 영어 레벨 테스트입니다. 응시자 수준에 맞는 문항을 통해 영역별(어휘·문법·듣기·독해) 실력을 정확하게 측정하고 전국 단위 객관적 평가 지표와 맞춤형 학습 처방을 제공합니다. NELT를 통해 중고등 내신·수능에 대비하는 학생들의 약점을 파악하고, 효율적인 학습으로 실질적인 성적 향상을 도모할 수 있습니다.

시험 특징

⊙ 영역별 심화 학습 가능

정확한 어휘 활용 능력 측정

`형태` `의미` `쓰임`

약 1만 개 어휘를 토대로 설계한 다양한 문제 유형을 통해, 어휘의 형태/의미/쓰임을 제대로 알고 있는지 평가하여 정확한 어휘 활용 능력을 측정

문법 항목별 약점에 따라 처방

`활용` `판단`

응시자가 문법적 맥락에 맞게 사용하지 못한 문법 항목들을 구체적으로 제공함으로써 올바른 문법 학습 방향을 제시

영어 실력 향상 (어휘력 / 문법 이해 / 듣기 능력 / 독해력)

듣기 시험 대비와 의사소통 능력 향상

`정보 파악` `문제 해결` `표현`

교육부 듣기 영역 성취 기준에 따라 정보 이해력, 논리력, 문제 해결력, 추론 능력 등을 평가하여, 내신 및 수능 듣기 평가에 대비

심도 있는 평가를 통한 읽기 능력 향상

`정보 파악` `논리적 사고` `문제 해결`

교육부 읽기 영역 성취 기준에 따라 정보 이해력, 논리력, 문제 해결력, 추론 능력 등을 평가하여, 내신 및 수능 독해 평가에 대비

⊙ 편리한 접근성
- PC/태블릿/스마트폰 등으로 언제 어디서나 원하는 날짜와 시간에 응시
- 학생 응시 완료 후 성적 결과를 곧바로 확인

⊙ 정확한 실력 측정
- 응시자 실력에 따라 난이도가 결정되는 반응형 테스트
- Pre-test(어휘) 결과에 따라 응시자 수준에 적합한 영역별 문항 출제

⊙ 상세한 성적표
- 한국 교육과정 기준의 객관적 지표로 영역별 실력 진단
- 내신·수능 대비에 최적화한 맞춤형 학습 처방 제공

NELT 요약 성적표 예시 ▶

시험 구성

⊙ 시험 종류

※ Pre-test(어휘) 제외

구분	테스트 영역	문항 수 / 제한시간
종합 테스트	NELT 어휘+문법+듣기+독해	68문항 / 65분
선택형 테스트	NELT 어휘+문법	40문항 / 26분

⊙ 영역별 세부 구성

※ Pre-test(어휘) 결과에 따라 영역별 응시 문항 난이도가 결정됨

구분	Pre-test (어휘)	어휘	문법	듣기	독해
평가 내용	어휘의 철자와 의미를 안다.	문맥 속에서 어휘의 다양한 의미와 쓰임을 이해하고 사용할 수 있다.	어법의 올바른 쓰임을 알고 활용할 수 있다.	대화나 담화를 듣고 내용을 적절히 파악하고 이해할 수 있다.	글을 읽고 글의 주제와 세부 사항, 논리적 흐름을 파악하고 이해할 수 있다.
평가 유형	단어 의미 이해하기	– 단어 이해하고 문맥에서 활용하기 – 상관 관계 파악하기 – 다의어 이해하기 – 알맞은 단어 사용하기	– 어법성 판단하기 – 어법에 맞게 사용하기	– 대의 파악하기 – 세부 사항 파악하기 – 추론하기 – 적절한 표현 고르기	– 대의 파악하기 – 세부 사항 파악하기 – 추론하기 – 논리적 관계 파악하기
답안 유형	객관식	객관식+주관식	객관식+주관식	객관식	객관식
문항 수	30~40문항	20문항	20문항	12문항	16문항
제한시간 /평균 소요시간	10분/4분	10분/7분	16분/11분	14분/9분	25분/13분

⊙ 레벨 구성

레벨	1	2	3	4	5	6	7	8	9
학년	Kinder~초2	초3~초4	초5~초6	중1	중2	중3	고1	고2	고3
난이도	유치 ~초등 기초	초등 기본	초등 심화	중등 기초	중등 기본	중등 심화	고등 기초	고등 기본	수능 실전

NELT 고득점을 위한 이 책의 사용법

① 실전 모의고사 응시

NELT 문법 영역에서 출제 가능성이 있는 모의고사 문제를 풀고 실력을 점검할 수 있습니다.

② 문법 출제 포인트 확인

문항별 출제 포인트를 확인하며 취약한 부분을 점검해 보세요. 반복되는 학년별 주요 문법 사항을 정확히 알고 있는지 확인할 수 있습니다.

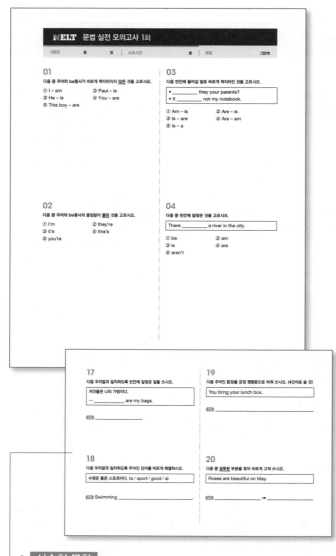

이해도 체크

문항별 출제 포인트에 대한 이해도를 ○/X/△로 표시하며 스스로 점검할 수 있어요.

서술형 문항

실제 NELT 시험과 동일한 유형의 서술형 문항을 통해 NELT의 서술형 문항에 대비할 수 있어요.

STUDY BOOK으로 재점검

각 문항별 문법 포인트와 자세한 설명을
수록하여 문제의 핵심을 쉽게 파악할 수 있는
STUDY BOOK이 제공됩니다. 자세한 문법
설명을 통해 해당 문법 포인트를 한 번 더
집중적으로 학습하는데 활용해 보세요.

 복습 모의고사로 마무리

복습 모의고사 2회를 풀면서 각 문항의 정답을
꼼꼼하게 살펴보세요. 학년별 주요 문법 사항을
통합적으로 정리할 수 있습니다.

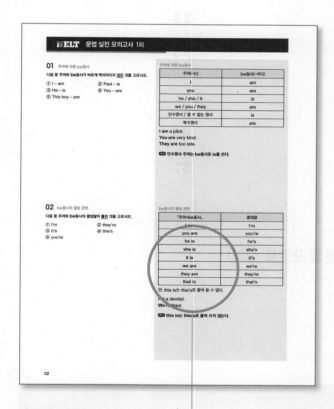

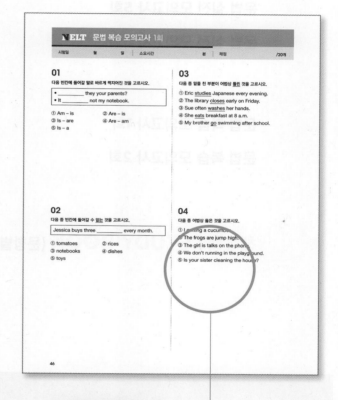

문법 포인트

문제에서 다룬 문법 포인트를 키워드로 제시한 후
자세한 설명을 제공합니다. 문법 사항에 대한 추가
학습을 통해 해당 문법을 자세히 이해할 수 있어요.

복습 모의고사

실전 모의고사 문항 중 핵심 문항으로 선별된
복습 모의고사를 통해 학년별로 출제 가능성이 높은
문항을 복습할 수 있어요.

정답 및 해설 활용

모든 문항에 대한 해석, 해설을 통해 혼자서도 충분히 학습할 수 있어요.
친절한 해설을 통해 정답을 찾는 방법을 학습할 수 있습니다.

CONTENTS

책속책 | STUDY BOOK (문항별 문법 포인트 정리)

"

Success is the sum of

small efforts,

repeated day in and day out.

"

NELT
Neungyule English Level Test
문법 실전 모의고사

| 시험일 | 월 | 일 | 소요시간 | 분 | 채점 | /20개 |

01

다음 중 주어와 be동사가 바르게 짝지어지지 <u>않은</u> 것을 고르시오.

① I – am   ② Paul – is
③ He – is   ④ You – are
⑤ This boy – are

02

다음 중 주어와 be동사의 줄임말이 <u>틀린</u> 것을 고르시오.

① I'm   ② they're
③ it's   ④ this's
⑤ you're

03

다음 빈칸에 들어갈 말로 바르게 짝지어진 것을 고르시오.

> - _____ they your parents?
> - It _____ not my notebook.

① Am – is   ② Are – is
③ Is – are   ④ Are – am
⑤ Is – a

04

다음 중 빈칸에 알맞은 것을 고르시오.

> There _____ a river in the city.

① be   ② am
③ is   ④ are
⑤ aren't

05

다음 중 밑줄 친 부분이 어법상 **틀린** 것을 고르시오.

① Eric <u>studies</u> Japanese every evening.
② The library <u>closes</u> early on Friday.
③ Sue often <u>washes</u> her hands.
④ She <u>eats</u> breakfast at 8 a.m.
⑤ My brother <u>go</u> swimming after school.

06

다음 중 어법상 **틀린** 것을 고르시오.

① I don't like cheese or milk.
② Do you want some juice?
③ Do Jack visit his grandmother every year?
④ She doesn't go to work by subway.
⑤ The students don't go to school this week.

07

다음 중 밑줄 친 it의 쓰임이 나머지와 **다른** 것을 고르시오.

① <u>It</u>'s Monday.
② <u>It</u>'s a wonderful day.
③ <u>It</u>'s a present for my husband.
④ <u>It</u>'s 9:40 a.m. now.
⑤ <u>It</u>'s 7 miles to the lake.

08

다음 중 빈칸에 알맞은 것을 고르시오.

Susan can _____ pizza.

① is   ② has
③ must   ④ cooks
⑤ make

09

다음 중 어법상 옳은 것을 고르시오.

① I cutting a cucumber.
② The frogs are jump high.
③ The girl is talks on the phone.
④ We don't running in the playground.
⑤ Your sister is cleaning the house.

11

다음 빈칸에 들어갈 말로 바르게 짝지어진 것을 고르시오.

- I have _____ idea.
- There is _____ book on the table.
- This is _____ English newspaper.

① a – a – an
② a – an – an
③ an – a – a
④ an – a – an
⑤ an – an – a

10

다음 중 빈칸에 들어갈 수 <u>없는</u> 것을 고르시오.

Jessica buys three _____ every month.

① tomatoes   ② rices
③ notebooks   ④ dishes
⑤ toys

12

다음 대화의 빈칸에 알맞은 말을 고르세요.

A: _____ food do you like most?
B: I like chicken burgers most.

① How   ② When
③ Who   ④ Why
⑤ What

13

다음 중 어법상 **틀린** 것을 고르시오.

① Apple juice is at the bottle.
② The moon is over the house.
③ The bowls are on the table.
④ We waited for you in front of the bakery.
⑤ I put the vase behind the teddy bear.

14

다음 중 빈칸에 알맞은 것을 고르시오.

My brother sleeps _____ at night.

① well   ② good
③ enjoy   ④ careful
⑤ like

15

다음 중 빈칸에 들어갈 수 <u>없는</u> 것을 고르시오.

Don't _____.

① enter the room
② touch the painting
③ is angry with me
④ close the window
⑤ read this book

16

다음 밑줄 친 부분을 인칭대명사로 고친 후 문장을 다시 쓰시오.

Dad loves <u>me and my little sister.</u>

정답 _____

17

다음 우리말과 일치하도록 빈칸에 알맞은 말을 쓰시오.

저것들은 나의 가방이다.

→ _____ are my bags.

정답 _____

19

다음 주어진 문장을 긍정 명령문으로 바꿔 쓰시오. (4단어로 쓸 것)

You bring your lunch box.

정답 _____

18

다음 우리말과 일치하도록 주어진 단어를 바르게 배열하시오.

수영은 좋은 스포츠이다. (is / sport / good / a)

정답 Swimming _____ .

20

다음 중 잘못된 부분을 찾아 바르게 고쳐 쓰시오.

Roses are beautiful on May.

정답 _____ → _____

문법 실전 모의고사 1회	O / X / △
1 주어에 따른 be동사를 알맞게 쓸 수 있는가?	O / X / △
2 be동사의 줄임 표현을 알맞게 쓸 수 있는가?	O / X / △
3 be동사의 의문문과 부정문을 알맞은 형태로 쓸 수 있는가?	O / X / △
4 「there+be동사」 구문을 알맞은 형태로 쓸 수 있는가?	O / X / △
5 주어에 따른 일반동사의 형태를 알맞게 쓸 수 있는가?	O / X / △
6 일반동사의 의문문과 부정문을 알맞은 형태로 쓸 수 있는가?	O / X / △
7 비인칭주어 it과 인칭대명사 it을 구분할 수 있는가?	O / X / △
8 조동사 can의 쓰임을 이해하고 있는가?	O / X / △
9 현재진행형을 알맞은 형태로 쓸 수 있는가?	O / X / △
10 셀 수 없는 명사의 형태를 파악하고 있는가?	O / X / △
11 부정관사 a[an]의 쓰임을 이해하고 있는가?	O / X / △
12 다양한 의문사의 의미를 이해하고 있는가?	O / X / △
13 알맞은 장소의 전치사를 쓸 수 있는가?	O / X / △
14 부사의 쓰임을 이해하고 있는가?	O / X / △
15 부정 명령문을 알맞은 형태로 쓸 수 있는가?	O / X / △
16 인칭대명사를 알맞은 격의 형태로 쓸 수 있는가?	O / X / △
17 지시대명사를 알맞게 쓸 수 있는가?	O / X / △
18 형용사의 쓰임을 이해하고 있는가?	O / X / △
19 긍정 명령문을 알맞은 형태로 쓸 수 있는가?	O / X / △
20 다양한 시간의 전치사의 의미를 이해하고 있는가?	O / X / △

01

다음 중 빈칸에 알맞은 것을 고르시오.

> _____ many bridges in Seoul?

① Is it　　　　② Are they
③ Is there　　④ Are there
⑤ Is they

02

다음 빈칸에 공통으로 들어갈 말을 고르시오.

> • What time is _____ now?
> • _____ is a gift for you.

① this[This]　　② that[That]
③ it[It]　　　　④ they[They]
⑤ the[The]

03

다음 중 밑줄 친 부분이 어법상 틀린 것을 고르시오.

① I saw many <u>flowers</u>.
② My dad bought me two <u>watchs</u>.
③ Three <u>buses</u> are coming.
④ I have two <u>boxes</u>.
⑤ Can I borrow your <u>pencils</u>?

04

다음 빈칸에 들어갈 말이 나머지와 다른 것을 고르시오.

① We _____ twins.
② The bikes _____ new.
③ Friends _____ important.
④ Those _____ my books.
⑤ That _____ my smartphone.

05

다음 중 빈칸에 들어갈 수 <u>없는</u> 것을 고르시오.

_____ speaks Spanish well.

① You   ② My uncle
③ He   ④ Your brother
⑤ Justin

06

다음 중 대화가 <u>어색한</u> 것을 고르시오.

① A: How are you feeling now?
   B: I'm still feeling sick.
② A: How many legs does a spider have?
   B: It has eight legs.
③ A: How was the movie?
   B: It was boring.
④ A: How much is this car?
   B: I only have one car.
⑤ A: How do you feel about the poem?
   B: It is really great!

07

다음 중 빈칸에 알맞은 것을 고르시오.

Those are snails. _____ smell strange.

① It   ② Its
③ They   ④ Their
⑤ Theirs

08

다음 빈칸에 들어갈 말로 바르게 짝지어진 것을 고르시오.

- _____ are glasses.
- _____ is my dress.

① She – They   ② These – It
③ You – It   ④ They – Those
⑤ It – He

09

다음 중 밑줄 친 부분을 바르게 고친 것을 고르시오.

> • David <u>aren't</u> a scientist.
> • <u>Am</u> my sister and I good students?

① isn't – Is   ② am not – Is
③ isn't – Are   ④ am not – Are
⑤ are – Is

10

다음 중 밑줄 친 부분을 줄여 쓸 수 <u>없는</u> 것을 고르시오.

① <u>She is</u> a lawyer.
② <u>It is</u> heavy.
③ <u>They are</u> on the table.
④ <u>I am</u> a good dancer.
⑤ <u>This is</u> my cat.

11

다음 빈칸에 공통으로 들어갈 말을 고르시오.

> • The library opens _____ 9 o'clock.
> • Mike stayed _____ home last weekend.

① in   ② at
③ on   ④ by
⑤ for

12

다음 주어진 문장을 부정문으로 바르게 고친 것을 고르시오.

> Ms. Smith cooks very well.

① Ms. Smith isn't cook very well.
② Ms. Smith don't cook very well.
③ Ms. Smith don't cooks very well.
④ Ms. Smith doesn't cook very well.
⑤ Ms. Smith doesn't cooks very well.

13

다음 중 빈칸에 an을 쓸 수 <u>없는</u> 것을 고르시오.

① There is _____ elephant.
② There is _____ airplane.
③ There is _____ school.
④ There is _____ eraser.
⑤ There is _____ owl.

15

다음 중 빈칸에 알맞은 것을 고르시오.

I want _____.

① egg   ② an chair
③ a love   ④ umbrella
⑤ water

14

다음 우리말을 영어로 바르게 옮긴 것을 고르시오.

너는 내 말을 듣고 있니?

① Are you listen to me?
② Are you listening to me?
③ Do you listening to me?
④ Do you listen to me?
⑤ Do you are listening to me?

16

다음 우리말과 일치하도록 밑줄 친 부분을 바르게 고쳐 쓰시오.

이 사람들은 Jack의 이모들이다.

→ <u>This</u> are Jack's aunts.

정답 _____

17

다음 우리말과 일치하도록 주어진 단어를 활용하여 문장을 완성하시오.

너는 프랑스어를 할 수 있니?
(can, speak)

정답 _____ French?

18

다음 문장의 밑줄 친 부분을 바르게 고쳐 쓰시오.

Alice plays tennis very good.

정답 _____

19

다음 우리말과 일치하도록 주어진 단어를 바르게 배열하시오.

지금 바로 스케이트 타러 가자.
(let's / skating / go)

정답 _____ right now.

20

다음 우리말과 일치하도록 두 문장을 한 문장으로 쓰시오.

Sue is a student. She is diligent.

Sue는 부지런한 학생이다.

정답 Sue is _____.

문법 실전 모의고사 2회	O / X / △
1 「there+be동사」 구문을 알맞은 형태로 쓸 수 있는가?	O / X / △
2 비인칭주어 it과 인칭대명사 it을 알맞게 쓸 수 있는가?	O / X / △
3 셀 수 있는 명사의 복수형을 알맞은 형태로 쓸 수 있는가?	O / X / △
4 주어에 따른 be동사를 이해하고 있는가?	O / X / △
5 주어에 따른 일반동사의 형태를 파악하고 있는가?	O / X / △
6 의문사 how의 의미를 구분할 수 있는가?	O / X / △
7 인칭대명사를 알맞은 격의 형태로 쓸 수 있는가?	O / X / △
8 지시대명사와 인칭대명사의 쓰임을 이해하고 있는가?	O / X / △
9 be동사의 부정문과 의문문을 알맞은 형태로 쓸 수 있는가?	O / X / △
10 be동사의 줄임 표현을 이해하고 있는가?	O / X / △
11 시간과 장소의 전치사를 알맞게 쓸 수 있는가?	O / X / △
12 일반동사의 부정문을 알맞은 형태로 쓸 수 있는가?	O / X / △
13 부정관사 a[an]의 쓰임을 이해하고 있는가?	O / X / △
14 현재진행형의 의문문을 알맞은 형태로 쓸 수 있는가?	O / X / △
15 셀 수 없는 명사를 파악하고 있는가?	O / X / △
16 지시대명사를 알맞게 쓸 수 있는가?	O / X / △
17 조동사 can이 쓰인 의문문을 알맞게 쓸 수 있는가?	O / X / △
18 부사의 쓰임을 이해하고 있는가?	O / X / △
19 제안문을 알맞은 형태로 쓸 수 있는가?	O / X / △
20 형용사가 포함된 문장을 어순에 맞게 쓸 수 있는가?	O / X / △

01

다음 중 빈칸에 들어갈 수 <u>없는</u> 것을 고르시오.

> My parents love _____ so much.

① me   ② their
③ him   ④ it
⑤ us

02

다음 빈칸에 들어갈 말이 나머지와 <u>다른</u> 것을 고르시오.

① These _____ my pants.
② His parents _____ not dentists.
③ _____ they apple trees?
④ Her cellphone _____ on the table.
⑤ You _____ not tall.

03

다음 빈칸에 공통으로 알맞은 것을 고르시오.

> • Three birds are _____ the cage.
> • There are four seasons _____ Korea.

① in   ② at
③ on   ④ from
⑤ about

04

다음 중 괄호 안의 말이 들어갈 위치를 고르시오.

> ① The rabbit ② has ③ a ④ tail ⑤. (short)

05

다음 중 빈칸에 들어갈 수 <u>없는</u> 것을 고르시오.

> She _____ early in the morning.

① gets up   ② studies
③ exercise   ④ swims
⑤ sings

06

다음 빈칸에 들어갈 말로 바르게 짝지어진 것을 고르시오.

> • She doesn't _____ coffee in the evening.
> • _____ they raise pets?

① drink – Does
② drink – Do
③ drinks – Do
④ drinks – Does
⑤ drinkes – Do

07

다음 중 밑줄 친 부분이 어법상 <u>틀린</u> 것을 고르시오.

① <u>in</u> October   ② <u>on</u> April 21
③ <u>at</u> midnight   ④ <u>in</u> Saturday
⑤ <u>at</u> 10:48 p.m.

08

다음 우리말을 영어로 바르게 옮긴 것을 고르시오.

> 네 친구들에게 정직해라.

① Are honest to your friends.
② Let's honest to your friends.
③ Do honest to your friends.
④ Be honest to your friends.
⑤ Don't be honest to your friends.

09

다음 중 빈칸에 알맞은 것을 고르시오.

> They are _____ now.

① studiing   ② lieing
③ danceing   ④ eatting
⑤ running

10

다음 중 빈칸에 들어갈 수 <u>없는</u> 것을 고르시오.

> I have a _____.

① tomato   ② air
③ cup   ④ phone
⑤ brother

11

다음 중 밑줄 친 부분이 어법상 <u>틀린</u> 것을 고르시오.

① <u>Is</u> there ice in the refrigerator now?
② There <u>isn't</u> a café nearby.
③ There <u>is</u> an ice rink in this town.
④ There <u>aren't</u> bread on the plate.
⑤ <u>Are</u> there children in the park?

12

다음 빈칸에 들어갈 말로 바르게 짝지어진 것을 고르시오.

> • The train arrived _____.
> • It was a _____ day.

① late – wonder
② lately – wonderful
③ late – wonderful
④ lately – wonder
⑤ lately – wonderfully

13

다음 중 어법상 <u>틀린</u> 고르시오.

① Please turn on the radio.
② Let's going swimming in the pool.
③ Go to the dentist.
④ Be kind to your friends.
⑤ Don't go outside. It's too cold.

14

다음 중 단어의 복수형이 바르게 짝지어지지 <u>않은</u> 것을 고르시오.

① piano – pianos
② leaf – leaves
③ zoo – zoos
④ city – citys
⑤ baby – babies

15

다음 빈칸에 들어갈 말이 나머지와 <u>다른</u> 것을 고르시오.

① _____ is your close friend?
② _____ can I do for you?
③ _____ sports does she like?
④ _____ does your mother do?
⑤ _____ will you do on the holiday?

16

다음 빈칸에 공통으로 들어갈 말을 쓰시오.

• _____ is winter in Australia.
• _____ is my favorite song.

정답 _____

17

다음 중 잘못된 부분을 찾아 바르게 고쳐 쓰시오. (1단어로 쓸 것)

Are your sister a nurse?

정답 _____ → _____

18

다음 우리말과 일치하도록 주어진 단어를 바르게 배열하시오.

이것들은 신선한 채소들이 아니다.
(not / fresh / these / vegetables / are)

정답 _____

_____

19

다음 두 문장이 반대의 뜻이 되도록 빈칸에 들어갈 알맞은 단어를 보기에서 골라 쓰시오.

보기 soft   slow   loudly   quickly

They sang the song quietly.

↔ They sang the song _____.

정답 _____

20

다음 문장의 밑줄 친 부분을 바르게 고쳐 쓰시오.

She cannot <u>dances</u> well.

정답 _____

NELT
문항별 출제 포인트 *Point*

	문법 실전 모의고사 3회	O/X/△
1	인칭대명사를 알맞은 격의 형태로 쓸 수 있는가?	O/X/△
2	주어에 따른 be동사를 알맞게 쓸 수 있는가?	O/X/△
3	다양한 장소의 전치사의 쓰임을 이해하고 있는가?	O/X/△
4	형용사가 포함된 문장의 어순을 이해하고 있는가?	O/X/△
5	주어에 따른 일반동사를 알맞은 형태로 쓸 수 있는가?	O/X/△
6	일반동사의 의문문과 부정문을 알맞은 형태로 쓸 수 있는가?	O/X/△
7	다양한 시간의 전치사의 쓰임을 파악하고 있는가?	O/X/△
8	긍정 명령문을 알맞은 형태로 쓸 수 있는가?	O/X/△
9	동사의 진행형을 알맞은 형태로 쓸 수 있는가?	O/X/△
10	셀 수 없는 명사의 쓰임을 파악하고 있는가?	O/X/△
11	「there+be동사」 구문을 알맞은 형태로 쓸 수 있는가?	O/X/△
12	부사의 형태와 의미를 이해하고 형용사의 쓰임을 파악하고 있는가?	O/X/△
13	명령문과 제안문을 알맞은 형태로 쓸 수 있는가?	O/X/△
14	셀 수 있는 명사의 복수형을 알맞은 형태로 쓸 수 있는가?	O/X/△
15	의문사 what과 who를 알맞게 쓸 수 있는가?	O/X/△
16	비인칭주어 it과 인칭대명사 it의 쓰임을 이해하고 알맞게 쓸 수 있는가?	O/X/△
17	be동사의 의문문을 알맞은 형태로 쓸 수 있는가?	O/X/△
18	지시대명사가 포함된 문장을 알맞게 쓸 수 있는가?	O/X/△
19	부사의 쓰임과 의미를 이해하고 있는가?	O/X/△
20	조동사 can의 부정문을 알맞게 쓸 수 있는가?	O/X/△

| 시험일 | 월 | 일 | 소요시간 | 분 | 채점 | /20개 |

01

다음 중 명사 앞에 a나 an이 잘못 쓰인 것을 고르시오.

① a tomato   ② a orange
③ a strawberry   ④ a carrot
⑤ a banana

03

다음 빈칸에 들어갈 말로 바르게 짝지어진 것을 고르시오.

- These _____ his boots.
- The action movie _____ fantastic.
- Russia _____ a big country.

① are – is – is
② are – is – am
③ are – are – is
④ is – is – are
⑤ is – are – is

02

다음 중 밑줄 친 부분이 어법상 틀린 것을 고르시오.

① This is my watch. <u>It</u> is old.
② This is my friend Paul. <u>It</u> is smart.
③ This is my mother. <u>She</u> is a doctor.
④ These are cookies. <u>They</u> are sweet.
⑤ Those are my sisters. <u>They</u> like Barbie dolls.

04

다음 중 밑줄 친 부분이 어법상 옳은 것을 고르시오.

① He <u>am not</u> a pianist.
② They <u>are not</u> my friends.
③ Alison <u>not is</u> a teacher.
④ She <u>are not</u> a firefighter.
⑤ I <u>not am</u> Chinese.

05

다음 중 대화에 어법상 <u>틀린</u> 부분이 있는 것을 고르시오.

① A: Is she a cook?
B: Yes, she is.
② A: Is that a new car?
B: Yes, it is.
③ A: Are these your cats?
B: No, she is not.
④ A: Are you tired?
B: No, we are not.
⑤ A: Are Jennifer and Sam hungry?
B: No, they are not.

06

다음 우리말을 영어로 바르게 옮긴 것을 고르시오.

우리 학교에는 열 개의 교실이 있다.

① There is ten classrooms in my school.
② There is ten classroom in my school.
③ There are ten classroom in my school.
④ There are ten classrooms in my school.
⑤ There are not ten classrooms in my school.

07

다음 중 빈칸에 들어갈 수 <u>없는</u> 것을 고르시오.

Tony _____ comic books.

① likes
② have
③ wants
④ reads
⑤ buys

08

다음 빈칸에 들어갈 말로 바르게 짝지어진 것을 고르시오.

A: _____ is the tall man in sportswear?
B: He is my uncle.
A: _____ is his job?
B: He is a basketball player.

① What – Who
② Who – What
③ Who – Whom
④ What – Whom
⑤ Whom – Who

09

다음 중 밑줄 친 It[it]의 쓰임이 나머지와 <u>다른</u> 것을 고르시오.

① <u>It</u> was noon.
② How far is <u>it</u>?
③ What season is <u>it</u>?
④ <u>It</u> will be December 25.
⑤ Who will bring <u>it</u> tomorrow?

11

다음 빈칸에 공통으로 들어갈 말을 고르시오.

> • I need the book. _____ you lend it to me?
> • She looks young. _____ she ride a horse?

① Do
② Can
③ May
④ Must
⑤ Should

10

다음 우리말과 일치하도록 빈칸에 알맞은 것을 고르시오.

> 저 다리는 길다.
> → The bridge _____.

① long
② not long
③ is long
④ is not long
⑤ is a long

12

다음 빈칸에 공통으로 들어갈 말을 고르시오.

> • The cat is lying _____ the carpet.
> • I was very happy _____ my birthday.

① in
② at
③ on
④ for
⑤ with

13

다음 중 밑줄 친 부분이 어법상 옳은 것을 고르시오.

① Irene is <u>driing</u> her hair.
② I am <u>walkking</u> fast.
③ A man is <u>singiing</u>.
④ They are <u>cutting</u> paper.
⑤ Max is <u>studiing</u> for the test.

14

다음 중 빈칸에 알맞은 것을 고르시오.

| Don't _____ those flowers. |

① to pick   ② pick
③ picking   ④ not picking
⑤ picked

15

다음 중 밑줄 친 부분이 어법상 <u>틀린</u> 것을 고르시오.

① You must be <u>carefully</u>.
② Lea is a <u>good</u> singer.
③ <u>Luckily</u>, I got there on time.
④ I will leave here <u>early</u> tomorrow morning.
⑤ This smartphone is <u>too</u> expensive.

16

우리말과 일치하도록 <u>잘못된</u> 부분을 찾아 바르게 고쳐 쓰시오.

| 시간은 돈이다. |
| → Times is money. |

정답 _____ → _____

17

다음 빈칸에 공통으로 들어갈 말을 쓰시오.

> • Tom, _____ they write books?
> • You _____ not remember my name.

정답 _____

18

다음 문장의 밑줄 친 부분을 바르게 고쳐 쓰시오. (2단어로 쓸 것)

> A: <u>How many</u> is the washing machine?
> B: It's 700 dollars.

정답 _____

19

다음 우리말과 일치하도록 주어진 단어를 바르게 배열하시오.

> 나는 여기서 내 친구를 찾을 수가 없다.
> (my / I / friend / can't / find)

정답 _____

_____ here.

20

다음 우리말과 일치하도록 주어진 단어를 활용하여 문장을 완성하시오. (3단어로 쓸 것)

> 나는 저기 있는 Lily와 Lewis를 안다. 저 사람들은 나의 새로운 반 친구들이다. (those)
>
> → I know Lily and Lewis over there. _____
> _____ new classmates.

정답 _____

NELT
문항별 출제 포인트 *Point*

문법 실전 모의고사 4회	O/X/△
1 부정관사 a[an]의 쓰임을 이해하고 있는가?	O/X/△
2 인칭대명사를 알맞은 격의 형태로 쓸 수 있는가?	O/X/△
3 주어에 따른 be동사를 알맞게 쓸 수 있는가?	O/X/△
4 be동사의 부정문을 이해하고 있는가?	O/X/△
5 be동사의 의문문을 파악하고 있는가?	O/X/△
6 「there+be동사」 구문을 알맞은 형태로 쓸 수 있는가?	O/X/△
7 주어에 따른 일반동사의 형태를 알맞게 쓸 수 있는가?	O/X/△
8 의문사 what과 who의 의미를 이해하고 있는가?	O/X/△
9 비인칭주어 it과 인칭대명사 it의 쓰임을 구분하고 있는가?	O/X/△
10 형용사의 쓰임을 이해하고 있는가?	O/X/△
11 다양한 조동사의 의미를 구분할 수 있는가?	O/X/△
12 시간과 장소의 전치사를 알맞게 쓸 수 있는가?	O/X/△
13 동사의 진행형을 알맞은 형태로 쓸 수 있는가?	O/X/△
14 부정 명령문을 알맞은 형태로 쓸 수 있는가?	O/X/△
15 형용사와 부사의 쓰임을 이해하고 있는가?	O/X/△
16 셀 수 없는 명사의 쓰임을 이해하고 있는가?	O/X/△
17 일반동사의 부정문과 의문문을 알맞은 형태로 쓸 수 있는가?	O/X/△
18 의문사 how의 의미와 쓰임을 파악하고 있는가?	O/X/△
19 조동사 can의 부정문을 알맞게 쓸 수 있는가?	O/X/△
20 지시대명사와 인칭대명사를 적절하게 쓸 수 있는가?	O/X/△

01

다음 중 빈칸에 a나 an을 쓸 수 없는 것을 고르시오.

① _____ peace   ② _____ pilot

③ _____ UFO   ④ _____ igloo

⑤ _____ star

02

다음 빈칸에 들어갈 동사의 형태가 바르게 짝지어진 것을 고르시오.

> • The baby _____ a lot. (cry)
> • My father _____ work at 7 p.m. (finish)

① cries – finishs

② crys – finishes

③ crys – finishs

④ cries – finishes

⑤ cries – finish

03

다음 중 어법상 틀린 것을 고르시오.

① Does you like pickles?

② Does your sister walk to school?

③ Do they live in Seoul?

④ Does your father speak Chinese?

⑤ Does he teach math in a school?

04

다음 빈칸에 들어갈 말이 나머지와 다른 것을 고르시오.

① We _____ not foolish.

② They _____ not nurses.

③ This _____ not my chair.

④ Ted and Lisa _____ not doctors.

⑤ These tomatoes _____ not fresh.

05

다음 괄호 안에서 어법상 옳은 것끼리 바르게 짝지어진 것을 고르시오.

- The large / largely box is for my mom.
- Cars are coming! Be careful / carefully .
- A baby is crying loud / loudly .

① large – careful – loud
② large – carefully – loudly
③ large – careful – loudly
④ largely – carefully – loudly
⑤ largely – careful – loud

06

다음 중 빈칸에 들어갈 수 없는 것을 고르시오.

Kate misses _____ very much.

① me   ② her
③ you   ④ them
⑤ we

07

다음 우리말을 영어로 바르게 옮긴 것을 고르시오.

나는 매일 책을 읽는다.

① I read book a every day.
② I read book an every day.
③ I read a book every day.
④ I read an book every day.
⑤ I reads book every day.

08

다음 중 밑줄 친 부분을 바르게 고친 것을 고르시오.

- Julia is make hamburgers.
- Do the children playing basketball?

① makes – Is
② makeing – Are
③ making – Are
④ makes – Are
⑤ making – Is

09

다음 중 빈칸에 알맞은 것을 고르시오.

> Her pink dress is _____.

① expensive
② look
③ the girl
④ a beautiful
⑤ the large

10

다음 우리말을 영어로 바르게 옮기지 <u>않은</u> 것을 고르시오.

① 곧 비가 올 것이다.
 → It's going to rain soon.
② 오늘은 10월 4일이다.
 → It's October 4 today.
③ 지금은 오후 6시 20분이다.
 → It's 6:20 p.m. now.
④ 병원까지는 그렇게 멀지 않다.
 → This is not too far to the hospital.
⑤ 오늘은 무슨 요일입니까?
 → What day is it today?

11

다음 중 밑줄 친 부분이 어법상 틀린 것을 고르시오.

① My sisters <u>aren't</u> tall.
② <u>He's</u> healthy.
③ I <u>amn't</u> heavy.
④ Ann <u>isn't</u> here.
⑤ <u>They're</u> Kate's shoes.

12

다음 빈칸에 공통으로 들어갈 말을 고르시오.

> • Mom is _____ the bank now.
> • I met Josh _____ the door.

① on
② in
③ at
④ to
⑤ from

13

다음 중 빈칸에 알맞은 것을 고르시오.

> A: _____ was your exam?
> B: It was very difficult.

① How
② How many
③ How tall
④ How much
⑤ How long

14

다음 중 어법상 틀린 것을 고르시오.

① Wash your hands before meals.
② Feel the fresh air.
③ Be careful on the stairs.
④ Does your homework first.
⑤ Turn off your cell phone.

15

다음 중 보기의 밑줄 친 부분과 의미가 같은 것을 고르시오.

> 보기 Robert can speak Korean.

① He can stay here.
② She can use my spoon.
③ I can pass the math exam.
④ You can come to the party.
⑤ You can go shopping with me.

16

다음 주어진 문장을 부정문으로 바꿔 쓰시오. (줄여 쓸 수 있는 부분은 줄여 쓸 것)

> My mother plays the violin well.

정답 _____

_____

17

다음 중 <u>잘못된</u> 부분을 찾아 바르게 고쳐 쓰시오. (1단어로 쓸 것)

There is two students in the school.

정답 _____ ➜ _____

18

다음 우리말과 일치하도록 주어진 단어를 바르게 배열하시오.

그것은 네 컴퓨터니?
(it / your / is / computer)

정답 _____

19

다음 주어진 문장을 부정 명령문으로 바꿔 쓰시오. (5단어로 쓸 것)

You play the guitar loudly.

정답 _____
_____

20

다음 문장의 밑줄 친 부분을 바르게 고쳐 쓰시오.

We have no class <u>in</u> Sunday.

정답 _____

	문법 실전 모의고사 5회	O / X / △
1	셀 수 없는 명사와 부정관사 a[an]의 쓰임을 이해하고 있는가?	O / X / △
2	주어에 따른 일반동사의 형태를 알맞게 쓸 수 있는가?	O / X / △
3	일반동사의 의문문을 이해하고 있는가?	O / X / △
4	주어에 따른 be동사를 구분할 수 있는가?	O / X / △
5	형용사와 부사의 쓰임을 구분할 수 있는가?	O / X / △
6	인칭대명사를 알맞은 격의 형태로 쓸 수 있는가?	O / X / △
7	부정관사 a[an]의 쓰임을 이해하고 있는가?	O / X / △
8	현재진행형을 알맞은 형태로 쓸 수 있는가?	O / X / △
9	형용사의 쓰임을 이해하고 있는가?	O / X / △
10	비인칭주어 it을 바르게 이해하고 있는가?	O / X / △
11	be동사의 줄임 표현을 알맞게 쓸 수 있는가?	O / X / △
12	다양한 장소의 전치사의 의미와 쓰임을 이해하고 있는가?	O / X / △
13	의문사 how의 쓰임을 이해하고 있는가?	O / X / △
14	긍정 명령문을 알맞은 형태로 쓸 수 있는가?	O / X / △
15	조동사 can의 의미를 구분할 수 있는가?	O / X / △
16	일반동사의 부정문을 알맞은 형태로 쓸 수 있는가?	O / X / △
17	「there+be동사」 구문을 알맞은 형태로 쓸 수 있는가?	O / X / △
18	be동사의 의문문을 알맞은 형태로 쓸 수 있는가?	O / X / △
19	부정 명령문을 알맞은 형태로 쓸 수 있는가?	O / X / △
20	시간의 전치사의 의미와 쓰임을 이해하고 있는가?	O / X / △

시험일   월   일 | 소요시간   분 | 채점   /20개

01

다음 우리말과 일치하도록 빈칸에 알맞은 것을 고르시오.

저것들은 네 부츠이다.

→ _____ are your boots.

① This　　　② That
③ Those　　④ These
⑤ It

02

다음 빈칸에 들어갈 수 <u>없는</u> 것을 고르시오.

_____ is clean.

① His room
② This river
③ My school library
④ The water
⑤ The cities

03

다음 질문에 대한 대답으로 알맞은 것을 고르시오.

Does he need a new shirt?

① Yes, he do.
② No, he don't.
③ No, he doesn't.
④ Yes, he is.
⑤ No, he isn't.

04

다음 우리말을 영어로 바르게 옮긴 것을 고르시오.

나는 내 방을 청소하는 중이다.

① I am cleaning my room.
② I clean my room.
③ I cleaned my room.
④ I do clean my room.
⑤ I can clean my room.

05

다음 빈칸에 알맞은 것을 고르시오.

> My sister _____ watch horror movies.

① isn't   ② don't
③ doesn't   ④ am not
⑤ aren't

06

다음 중 빈칸에 들어갈 수 <u>없는</u> 것을 고르시오.

> You are a _____ boy.

① love   ② smart
③ diligent   ④ handsome
⑤ good

07

다음 중 괄호 안의 말이 들어갈 위치를 고르시오.

> My dog ① is ② in ③ my ④ room ⑤. (not)

08

다음 대화의 빈칸에 들어갈 말이 나머지와 <u>다른</u> 것을 고르시오.

① A: _____ is it?
  B: It's my new bag.
② A: _____ much is it?
  B: It is 900 won.
③ A: _____ time is it now?
  B: It's six o'clock.
④ A: _____ color is this flower?
  B: It's pink.
⑤ A: _____ day is it today?
  B: Today is Sunday.

09

다음 빈칸에 알맞은 것을 고르시오.

> Let's _____ a birthday gift for Joe.

① buys ② bought
③ buy ④ to buy
⑤ buying

10

밑줄 친 **can**의 의미가 나머지와 **다른** 것을 고르시오.

① She <u>can</u> play the drums.
② You <u>can</u> eat this cake.
③ My brother <u>can</u> swim very well.
④ <u>Can</u> he read Japanese?
⑤ <u>Can</u> your cat jump high?

11

다음 중 빈칸에 들어갈 수 <u>없는</u> 것을 고르시오.

> _____ hands are small.

① His ② Hers
③ Your ④ Their
⑤ My

12

다음 중 어법상 **틀린** 것을 고르시오.

① There is a piece of pizza.
② There aren't our umbrellas now.
③ There aren't my clock in my room.
④ There are many cars on the street.
⑤ There is some money in his pocket.

13

다음 중 빈칸에 알맞은 것을 고르시오.

> The river _____.

① long　　　　　② is

③ is very　　　　④ is very long

⑤ is long very

14

다음 중 밑줄 친 부분이 어법상 옳은 것을 고르시오.

① It often snows <u>at</u> winter.

② Some drinks are <u>on</u> cups.

③ Kevin is going to India <u>on</u> December.

④ People speak Spanish <u>in</u> Mexico.

⑤ He bought me a scarf <u>in</u> June 11.

15

다음 중 밑줄 친 It의 쓰임이 나머지와 <u>다른</u> 것을 고르시오.

① <u>It</u> is five fifteen.

② <u>It</u> is close from here.

③ <u>It</u> is a snowy day.

④ <u>It</u> is Thanksgiving Day.

⑤ <u>It</u> is Sophie's bag.

16

다음 우리말과 일치하도록 주어진 단어를 바르게 배열하시오.

> 이것들은 너의 책들이니?
> (books / your / these / are)

정답 _____

17

다음 중 잘못된 부분을 찾아 바르게 고쳐 쓰시오.

Rona drys her hair every day.

정답 _____ ➡ _____

18

다음 우리말과 일치하도록 주어진 단어를 활용하여 문장을 완성하시오.

너는 이 문제를 풀 수 있니?
(can, solve, this problem)

정답 _____

19

다음 우리말과 일치하도록 주어진 단어 앞에 a 또는 an을 써서 문장을 완성하시오.

지우개 하나가 책상 위에 있다. (eraser)

→ _____ is on the desk.

정답 _____

20

다음 문장의 밑줄 친 부분을 바르게 고쳐 쓰시오.

Potatos are delicious.

정답 _____

NELT
문항별 출제 포인트 *Point*

	문법 실전 모의고사 6회	O / X / △
1	지시대명사의 쓰임을 이해하고 있는가?	O / X / △
2	주어에 따른 be동사를 알맞게 쓸 수 있는가?	O / X / △
3	일반동사의 의문문에 대한 대답을 이해하고 있는가?	O / X / △
4	현재진행형을 알맞은 형태로 쓸 수 있는가?	O / X / △
5	일반동사의 부정문을 알맞은 형태로 쓸 수 있는가?	O / X / △
6	형용사의 쓰임을 이해하고 있는가?	O / X / △
7	be동사의 부정문을 알맞은 형태로 쓸 수 있는가?	O / X / △
8	의문사 what과 how의 의미를 이해하고 있는가?	O / X / △
9	제안문을 알맞은 형태로 쓸 수 있는가?	O / X / △
10	조동사 can의 의미를 구분할 수 있는가?	O / X / △
11	인칭대명사를 알맞은 격의 형태로 쓸 수 있는가?	O / X / △
12	「there+be동사」 구문의 형태를 이해하고 있는가?	O / X / △
13	형용사와 부사가 포함된 문장을 이해하고 있는가?	O / X / △
14	시간과 장소의 전치사를 알맞게 쓸 수 있는가?	O / X / △
15	비인칭주어 it과 인칭대명사 it의 쓰임을 구분할 수 있는가?	O / X / △
16	지시대명사가 포함된 문장을 알맞게 쓸 수 있는가?	O / X / △
17	주어에 따른 일반동사를 알맞은 형태로 쓸 수 있는가?	O / X / △
18	조동사 can이 포함된 의문문을 알맞게 쓸 수 있는가?	O / X / △
19	부정관사 a[an]의 쓰임을 이해하고 있는가?	O / X / △
20	셀 수 있는 명사의 복수형을 알맞은 형태로 쓸 수 있는가?	O / X / △

NELT
Neungyule English Level Test
문법 복습 모의고사

01

다음 빈칸에 들어갈 말로 바르게 짝지어진 것을 고르시오.

> • _____ they your parents?
> • It _____ not my notebook.

① Am – is
② Are – is
③ Is – are
④ Are – am
⑤ Is – a

02

다음 중 빈칸에 들어갈 수 없는 것을 고르시오.

> Jessica buys three _____ every month.

① tomatoes
② rices
③ notebooks
④ dishes
⑤ toys

03

다음 중 밑줄 친 부분이 어법상 틀린 것을 고르시오.

① Eric studies Japanese every evening.
② The library closes early on Friday.
③ Sue often washes her hands.
④ She eats breakfast at 8 a.m.
⑤ My brother go swimming after school.

04

다음 중 어법상 옳은 것을 고르시오.

① I cutting a cucumber.
② The frogs are jump high.
③ The girl is talks on the phone.
④ We don't running in the playground.
⑤ Your sister is cleaning the house.

05

다음 빈칸에 공통으로 들어갈 말을 고르시오.

> • What time is _____ now?
> • _____ is a gift for you.

① this[This]　　② that[That]
③ it[It]　　④ they[They]
⑤ the[The]

07

다음 주어진 문장을 부정문으로 바르게 고친 것을 고르시오.

> Ms. Smith cooks very well.

① Ms. Smith isn't cook very well.
② Ms. Smith don't cook very well.
③ Ms. Smith don't cooks very well.
④ Ms. Smith doesn't cook very well.
⑤ Ms. Smith doesn't cooks very well.

06

다음 중 대화가 어색한 것을 고르시오.

① A: How are you feeling now?
　B: I'm still feeling sick.
② A: How many legs does a spider have?
　B: It has eight legs.
③ A: How was the movie?
　B: It was boring.
④ A: How much is this car?
　B: I only have one car.
⑤ A: How do you feel about the poem?
　B: It is really great!

08

다음 중 빈칸에 an을 쓸 수 없는 것을 고르시오.

① There is _____ elephant.
② There is _____ airplane.
③ There is _____ school.
④ There is _____ eraser.
⑤ There is _____ owl.

09

다음 중 밑줄 친 부분이 어법상 틀린 것을 고르시오.

① <u>in</u> October ② <u>on</u> April 21
③ <u>at</u> midnight ④ <u>in</u> Saturday
⑤ <u>at</u> 10:48 p.m.

11

다음 중 빈칸에 들어갈 수 <u>없는</u> 것을 고르시오.

My parents love _____ so much.

① me ② their
③ him ④ it
⑤ us

10

다음 중 괄호 안의 말이 들어갈 위치를 고르시오.

① The rabbit ② has ③ a ④ tail ⑤. (short)

12

다음 우리말을 영어로 바르게 옮긴 것을 고르시오.

네 친구들에게 정직해라.

① Are honest to your friends.
② Let's honest to your friends.
③ Do honest to your friends.
④ Be honest to your friends.
⑤ Don't be honest to your friends.

13

다음 빈칸에 들어갈 말이 나머지와 <u>다른</u> 것을 고르시오.

① These _____ my pants.

② His parents _____ not dentists.

③ _____ they apple trees?

④ Her cellphone _____ on the table.

⑤ You _____ not tall.

14

다음 빈칸에 공통으로 들어갈 말을 고르시오.

• The library opens _____ 9 o'clock.
• Mike stayed _____ home last weekend.

① in   ② at

③ on   ④ by

⑤ for

15

다음 빈칸에 들어갈 말로 바르게 짝지어진 것을 고르시오.

• _____ are glasses.
• _____ is my dress.

① She – They   ② These – It

③ You – It   ④ They – Those

⑤ It – He

16

다음 우리말과 일치하도록 밑줄 친 부분을 바르게 고쳐 쓰시오.

이 사람들은 Jack의 이모들이다.

→ <u>This</u> are Jack's aunts.

정답  _____

17

다음 우리말과 일치하도록 주어진 단어를 바르게 배열하시오.

> 지금 바로 스케이트 타러 가자.
> (let's / skating / go)

정답 _____ right now.

18

다음 문장의 밑줄 친 부분을 바르게 고쳐 쓰시오.

> She cannot <u>dances</u> well.

정답 _____

19

다음 문장의 밑줄 친 부분을 바르게 고쳐 쓰시오.

> Alice plays tennis very <u>good</u>.

정답 _____

20

다음 두 문장이 반대의 뜻이 되도록 빈칸에 들어갈 알맞은 단어를 보기 에서 골라 쓰시오.

> 보기 soft   slow   loudly   quickly

> They sang the song quietly.
> ↔ They sang the song _____.

정답 _____

시험일	월	일	소요시간	분	채점	/20개

01

다음 중 명사 앞에 a나 an이 잘못 쓰인 것을 고르시오.

① a tomato   ② a orange
③ a strawberry   ④ a carrot
⑤ a banana

02

다음 중 빈칸에 알맞은 것을 고르시오.

Don't _____ those flowers.

① to pick   ② pick
③ picking   ④ not picking
⑤ picked

03

다음 중 빈칸에 들어갈 수 없는 것을 고르시오.

Tony _____ comic books.

① likes   ② have
③ wants   ④ reads
⑤ buys

04

다음 중 밑줄 친 부분이 어법상 옳은 것을 고르시오.

① It often snows at winter.
② Some drinks are on cups.
③ Kevin is going to India on December.
④ People speak Spanish in Mexico.
⑤ He bought me a scarf in June 11.

05

다음 중 밑줄 친 부분이 어법상 틀린 것을 고르시오.

① My sisters aren't tall.
② He's healthy.
③ I amn't heavy.
④ Ann isn't here.
⑤ They're Kate's shoes.

07

다음 대화의 빈칸에 들어갈 말이 나머지와 다른 것을 고르시오.

① A: _____ is it?
   B: It's my new bag.
② A: _____ much is it?
   B: It is 900 won.
③ A: _____ time is it now?
   B: It's six o'clock.
④ A: _____ color is this flower?
   B: It's pink.
⑤ A: _____ day is it today?
   B: Today is Sunday.

06

다음 빈칸에 공통으로 들어갈 말을 고르시오.

| • Mom is _____ the bank now. |
| • I met Josh _____ the door. |

① on   ② in
③ at   ④ to
⑤ from

08

다음 중 빈칸에 알맞은 것을 고르시오.

| Her pink dress is _____. |

① expensive   ② look
③ the girl   ④ a beautiful
⑤ the large

09

다음 중 괄호 안의 말이 들어갈 위치를 고르시오.

My dog ① is ② in ③ my ④ room ⑤. (not)

10

다음 질문에 대한 대답으로 알맞은 것을 고르시오.

Does he need a new shirt?

① Yes, he do.
② No, he don't.
③ No, he doesn't.
④ Yes, he is.
⑤ No, he isn't.

11

다음 우리말을 영어로 바르게 옮긴 것을 고르시오.

나는 내 방을 청소하는 중이다.

① I am cleaning my room.
② I clean my room.
③ I cleaned my room.
④ I do clean my room.
⑤ I can clean my room.

12

다음 중 보기의 밑줄 친 부분과 의미가 같은 것을 고르시오.

보기 Robert can speak Korean.

① He can stay here.
② She can use my spoon.
③ I can pass the math exam.
④ You can come to the party.
⑤ You can go shopping with me.

13

다음 우리말을 영어로 바르게 옮긴 것을 고르시오.

우리 학교에는 열 개의 교실이 있다.

① There is ten classrooms in my school.
② There is ten classroom in my school.
③ There are ten classroom in my school.
④ There are ten classrooms in my school.
⑤ There are not ten classrooms in my school.

14

다음 빈칸에 들어갈 수 없는 것을 고르시오.

_____ is clean.

① His room
② This river
③ My school library
④ The water
⑤ The cities

15

다음 중 밑줄 친 It의 쓰임이 나머지와 다른 것을 고르시오.

① It is five fifteen.
② It is close from here.
③ It is a snowy day.
④ It is Thanksgiving Day.
⑤ It is Sophie's bag.

16

다음 우리말과 일치하도록 주어진 단어를 활용하여 문장을 완성하시오.

너는 이 문제를 풀 수 있니?
(can, solve, this problem)

정답 _____

17

다음 문장의 밑줄 친 부분을 바르게 고쳐 쓰시오.

> Potatos are delicious.

정답 _____

18

다음 주어진 문장을 부정문으로 바꿔 쓰시오. (줄여 쓸 수 있는 부분은 줄여 쓸 것)

> My mother plays the violin well.

정답 _____

_____

19

다음 우리말과 일치하도록 주어진 단어를 바르게 배열하시오.

> 이것들은 너의 책들이니?
> (books / your / these / are)

정답 _____

20

다음 우리말과 일치하도록 주어진 단어를 활용하여 문장을 완성하시오. (3단어로 쓸 것)

> 나는 저기 있는 Lily와 Lewis를 안다. 저 사람들은 나의 새로운 반 친구들이다. (those)
>
> → I know Lily and Lewis over there. _____
> _____ new classmates.

정답 _____

지은이

NELT 평가연구소

NELT 평가연구소는 초중고생의 정확한 영어 실력 평가를 위해
우리나라 교육과정 기반의 평가 시스템 설계, 테스트 문항 개발,
성적 분석 등을 담당하는 NE능률의 평가 연구 조직입니다.

NELT 문법 실전 모의고사 〈LEVEL 2〉

펴 낸 이	주민홍
펴 낸 곳	서울특별시 마포구 월드컵북로 396(상암동) 누리꿈스퀘어 비즈니스타워 10층
	㈜NE능률 (우편번호 03925)
펴 낸 날	2024년 3월 5일 초판 제1쇄 발행
전 화	02 2014 7114
팩 스	02 3142 0356
홈페이지	www.neungyule.com
등록번호	제1-68호
I S B N	979-11-235-4331-8
정 가	13,000원

NE 능률

고객센터

교재 내용 문의 : contact.nebooks.co.kr (별도의 가입 절차 없이 작성 가능)
제품 구매, 교환, 불량, 반품 문의 : 02-2014-7114
☎ 전화문의는 본사 업무시간 중에만 가능합니다.

NE능률 교재 MAP

문법
구문

아래 교재 MAP을 참고하여 본인의 현재 혹은 목표 수준에 따라 교재를 선택하세요.
NE능률 교재들과 함께 영어실력을 쑥쑥~ 올려보세요!
MP3 등 교재 부가 학습 서비스 및 자세한 교재 정보는 www.nebooks.co.kr 에서 확인하세요.

초1-2	초3	초3-4	초4-5	초5-6
	그래머버디 1	그래머버디 2	그래머버디 3	Grammar Bean 3
	초등영어 문법이 된다 Starter 1	초등영어 문법이 된다 Starter 2	Grammar Bean 1	Grammar Bean 4
		초등 Grammar Inside 1	Grammar Bean 2	초등영어 문법이 된다 2
		초등 Grammar Inside 2	초등영어 문법이 된다 1	초등 Grammar Inside 5
			초등 Grammar Inside 3	초등 Grammar Inside 6
			초등 Grammar Inside 4	NELT 문법 실전 모의고사 3
			NELT 문법 실전 모의고사 2	

초6-예비중	중1	중1-2	중2-3	중3
능률중학영어 예비중	능률중학영어 중1	능률중학영어 중2	Grammar Zone 기초편	능률중학영어 중3
Grammar Inside Starter	Grammar Zone 입문편	1316 Grammar 2	Grammar Zone 워크북 기초편	문제로 마스터하는 중학영문법 3
원리를 더한 영문법 STARTER	Grammar Zone 워크북 입문편	문제로 마스터하는 중학영문법 2	1316 Grammar 3	Grammar Inside 3
	1316 Grammar 1	Grammar Inside 2	원리를 더한 영문법 2	열중 16강 문법 3
	문제로 마스터하는 중학영문법 1	열중 16강 문법 2	중학영문법 총정리 모의고사 2	중학영문법 총정리 모의고사 3
	Grammar Inside 1	원리를 더한 영문법 1	쓰기로 마스터하는 중학서술형 2학년	쓰기로 마스터하는 중학서술형 3학년
	열중 16강 문법 1	중학영문법 총정리 모의고사 1	중학 천문장 3	NELT 문법 실전 모의고사 6
	쓰기로 마스터하는 중학서술형 1학년	중학 천문장 2	NELT 문법 실전 모의고사 5	
	중학 천문장 1	NELT 문법 실전 모의고사 4		

예비고-고1	고1	고1-2	고2-3	고3
문제로 마스터하는 고등영문법	Grammar Zone 기본편 1	필히 통하는 고등 영문법 실력편	Grammar Zone 종합편	
올클 수능 어법 start	Grammar Zone 워크북 기본편 1	필히 통하는 고등 서술형 실전편	Grammar Zone 워크북 종합편	
천문장 입문	Grammar Zone 기본편 2	TEPS BY STEP G+R Basic	올클 수능 어법 완성	
	Grammar Zone 워크북 기본편 2		천문장 완성	
	필히 통하는 고등 영문법 기본편			
	필히 통하는 고등 서술형 기본편			
	천문장 기본			
	NELT 문법 실전 모의고사 7			

수능 이상/ 토플 80-89 · 텝스 600-699점	수능 이상/ 토플 90-99 · 텝스 700-799점	수능 이상/ 토플 100 · 텝스 800점 이상		
TEPS BY STEP G+R 1	TEPS BY STEP G+R 2	TEPS BY STEP G+R 3		

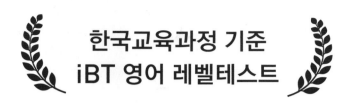

NELT
Neungyule English Level Test

문법 실전
모의고사

LEVEL 2

STUDY BOOK

NELT
Neungyule English Level Test

문법 실전 모의고사

LEVEL 2

STUDY BOOK

01 주어에 따른 be동사

다음 중 주어와 be동사가 바르게 짝지어지지 <u>않은</u> 것을 고르시오.

① I – am
② Paul – is
③ He – is
④ You – are
⑤ This boy – are

주어에 따른 be동사

주어(~는)	be동사(~이다)
I	am
you	are
he / she / it	is
we / you / they	are
단수명사 / 셀 수 없는 명사	is
복수명사	are

I **am** a pilot.
You are very kind.
They are too late.

핵심 단수명사 주어는 be동사로 is를 쓴다.

02 be동사의 줄임 표현

다음 중 주어와 be동사의 줄임말이 <u>틀린</u> 것을 고르시오.

① I'm
② they're
③ it's
④ this's
⑤ you're

be동사의 줄임 표현

「주어+be동사」	줄임말
I am	I'm
you are	you're
he is	he's
she is	she's
it is	it's
we are	we're
they are	they're
that is	that's

단, this is는 this's로 줄여 쓸 수 없다.

I'm a dentist.
We're tired.

핵심 this is는 this's로 줄여 쓰지 않는다.

03 be동사의 의문문과 부정문

다음 빈칸에 들어갈 말로 바르게 짝지어진 것을 고르시오.

- _____ they your parents?
- It _____ not my notebook.

① Am – is
② Are – is
③ Is – are
④ Are – am
⑤ Is – a

04 「there+be동사」 구문

다음 중 빈칸에 알맞은 것을 고르시오.

There _____ a river in the city.

① be
② am
③ is
④ are
⑤ aren't

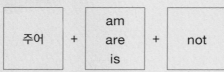

05 주어에 따른 일반동사

다음 중 밑줄 친 부분이 어법상 <u>틀린</u> 것을 고르시오.

① Eric <u>studies</u> Japanese every evening.
② The library <u>closes</u> early on Friday.
③ Sue often <u>washes</u> her hands.
④ She <u>eats</u> breakfast at 8 a.m.
⑤ My brother <u>go</u> swimming after school.

주어에 따른 일반동사

주어가 1인칭, 2인칭이거나 복수일 때, 동사는 동사원형 그대로 쓴다. 주어가 3인칭 단수일 때는 주로 「동사원형+-(e)s」의 형태로 쓴다.

대부분의 동사	동사원형+-s	plays, calls
-o, -s, -ch, -sh, -x로 끝나는 동사	동사원형+-es	does, passes, teaches, washes, fixes
자음+y로 끝나는 동사	y를 i로 바꾸고 +-es	try → tries study → studies
불규칙 동사	have → has	

핵심 주어가 3인칭 단수일 때 '-o'로 끝나는 동사는 -es를 붙여 3인칭 단수형을 만든다.

06 일반동사의 부정문과 의문문

다음 중 어법상 <u>틀린</u> 것을 고르시오.

① I don't like cheese or milk.
② Do you want some juice?
③ Do Jack visit his grandmother every year?
④ She doesn't go to work by subway.
⑤ The students don't go to school this week.

일반동사의 부정문

동사원형 앞에 do[does] not을 써서 나타낸다.

주어	부정형	줄임말
1인칭, 2인칭, 복수	do not+동사원형	don't+동사원형
3인칭 단수	does not+동사원형	doesn't+동사원형

We **don't like** sad movies.
Sam **doesn't wear** glasses.

일반동사의 의문문

주어	일반동사의 의문문	대답
1인칭, 2인칭, 복수	Do+주어+동사원형 ~?	Yes, 주어+do. No, 주어+don't.
3인칭 단수	Does+주어+동사원형 ~?	Yes, 주어+does. No, 주어+doesn't.

Do *you* **like** Italian food? – **Yes, I do.**
Does *it* **taste** good? – **No, it doesn't.**

핵심 일반동사의 의문문은 주어가 3인칭 단수일 때 주어 앞에 Does를 쓴다.

07 비인칭주어 it / 인칭대명사 it

다음 중 밑줄 친 it의 쓰임이 나머지와 <u>다른</u> 것을 고르시오.

① <u>It</u>'s Monday.
② <u>It</u>'s a wonderful day.
③ <u>It</u>'s a present for my husband.
④ <u>It</u>'s 9:40 a.m. now.
⑤ <u>It</u>'s 7 miles to the lake.

비인칭주어 it

비인칭주어 it은 시간, 날짜, 요일, 날씨, 계절, 거리를 나타낼 때 쓸 수 있다.
What time is <u>it</u> now? – <u>It</u>'s 7 p.m. 〈시간〉
How is the weather? – <u>It</u>'s sunny. 〈날씨〉
How far is <u>it</u>? – <u>It</u>'s 10 kilometers away. 〈거리〉

인칭대명사 it

'그것'의 의미이며, 앞에 나온 특정한 사물을 가리킬 때 사용한다.
This coat is too small. I can't wear <u>it</u>.
                                    = this coat

핵심 비인칭주어 it과 앞에 언급된 특정한 사물을 가리킬 때는 쓰는 인칭대명사 it을 구분한다. 비인칭주어와 달리 인칭대명사 it은 '그것'이라고 해석할 수 있다.

08 조동사 can

다음 중 빈칸에 알맞은 것을 고르시오.

Susan can _____ pizza.

① is   ② has
③ must   ④ cooks
⑤ make

조동사 can

조동사 can은 '~할 수 있다'의 의미로 능력·가능을 나타내거나 '~해도 좋다'의 의미로 허가를 나타낼 수 있다. 조동사 뒤에는 동사원형이 온다.

I **can** *use* chopsticks. 〈능력·가능〉
It **can** *swim* well. 〈능력·가능〉

You **can** *come* in. 〈허가〉
They **can** *go* home. 〈허가〉

핵심 조동사 뒤에는 동사원형을 써야 한다.

09 현재진행형

다음 중 어법상 옳은 것을 고르시오.

① I cutting a cucumber.
② The frogs are jump high.
③ The girl is talks on the phone.
④ We don't running in the playground.
⑤ Your sister is cleaning the house.

현재진행형

「be동사의 현재형(am/are/is)+v-ing」의 형태로, '~하고 있다, ~하는 중이다'라는 의미를 나타낸다. 이때 be동사는 주어의 인칭과 수에 맞게 쓴다.

I study English every day. 〈현재시제〉
→ I am studying English now. 〈현재진행형〉

The kids go to bed late at night. 〈현재시제〉
→ The kids are going to bed now. 〈현재진행형〉

핵심 현재진행형은 「be동사의 현재형+v-ing」의 형태로 나타낸다.

10 셀 수 없는 명사

다음 중 빈칸에 들어갈 수 없는 것을 고르시오.

Jessica buys three _____ every month.

① tomatoes   ② rices
③ notebooks   ④ dishes
⑤ toys

셀 수 없는 명사

'하나, 둘, 셋' 등으로 셀 수 없는 명사를 말하며, 셀 수 없는 명사 앞에는 부정관사 a[an]를 붙이거나 복수형으로 쓸 수 없다.

사람 이름	Jessica, Daniel, Tony, Nick, Yuna
도시·나라	Seoul, New York, Canada, Europe
모양이 일정하지 않은 것	air (공기), water (물), juice (주스), coffee (커피), sugar (설탕), rice (쌀), bread (빵), cheese (치즈), money (돈), snow (눈), rain (비)
만지거나 볼 수 없는 것	time (시간), music (음악), peace (평화), health (건강), joy (기쁨), luck (운), happiness (행복)

핵심 셀 수 없는 명사는 복수형으로 쓸 수 없다.

현재진행형

11 부정관사 a[an]의 쓰임

다음 빈칸에 들어갈 말로 바르게 짝지어진 것을 고르시오.

> • I have _____ idea.
> • There is _____ book on the table.
> • This is _____ English newspaper.

① a – a – an
② a – an – an
③ an – a – a
④ an – a – an
⑤ an – an – a

12 의문사

다음 대화의 빈칸에 알맞은 말을 고르세요.

> A: _____ food do you like most?
> B: I like chicken burgers most.

① How   ② When
③ Who   ④ Why
⑤ What

13 장소의 전치사

다음 중 어법상 틀린 것을 고르시오.

① Apple juice is at the bottle.
② The moon is over the house.
③ The bowls are on the table.
④ We waited for you in front of the bakery.
⑤ I put the vase behind the teddy bear.

장소의 전치사

in	~ 안에	A mouse is **in** the box.
under	~ 아래에	A bag is **under** the chair.
on	~ 위에 (표면에 닿은)	A doll is **on** the bed.
at	~에(서)	They are **at** the store.
behind	~ 뒤에	Jaden is **behind** the tree.
in front of	~ 앞에	I am **in front of** the car.
over	~ 너머에 ~ 위에 (표면과 떨어진)	A picture is **over** the bed.
next to	~ 옆에	A ball is **next to** the box.
between	~ 사이에	He is **between** you and Dan.

핵심 '~ 안에'라는 의미는 전치사 **in**을 쓴다.

---

14 부사의 쓰임

다음 중 빈칸에 알맞은 것을 고르시오.

My brother sleeps _____ at night.

① well   ② good
③ enjoy   ④ careful
⑤ like

부사의 쓰임

부사는 동사, 형용사, 다른 부사, 문장 전체를 수식하여 의미를 더해준다.

동사 수식	My friend *studied* **hard**.
형용사 수식	You look **so** *sad*.
부사 수식	She came **too** *late*.
문장 전체 수식	**Happily**, *the train arrived on time*.

핵심 빈칸에는 동사를 수식하는 부사가 필요하다.

15 부정 명령문

다음 중 빈칸에 들어갈 수 <u>없는</u> 것을 고르시오.

> Don't _____.

① enter the room
② touch the painting
③ is angry with me
④ close the window
⑤ read this book

16 인칭대명사와 격

다음 밑줄 친 부분을 인칭대명사로 고친 후 문장을 다시 쓰시오.

> Dad loves <u>me and my little sister</u>.

정답 _____

부정 명령문

부정 명령문은 「Don't+동사원형」의 형태로 '~하지 마라'라는 뜻을 나타낸다.
Don't turn off the TV.
Don't be shy.

핵심 부정 명령문은 **Don't** 뒤에 동사원형이 온다.

인칭대명사와 격

수	인칭	주격 (~는, ~가)	소유격 (~의)	목적격 (~을)	소유대명사 (~의 것)
단수	1인칭	I	my	me	mine
	2인칭	you	your	you	yours
	3인칭	he she it	his her its	him her it	his hers –
복수	1인칭	we	our	us	ours
	2인칭	you	your	you	yours
	3인칭	they	their	them	theirs

핵심 나와 다른 사람을 함께 가리키는 말은 '우리'이므로, 목적격 **us**로 나타낸다.

17 지시대명사

다음 우리말과 일치하도록 빈칸에 알맞은 말을 쓰시오.

> 저것들은 나의 가방이다.
>
> → _____ are my bags.

정답 _____

지시대명사

this는 '이것, 이 사람'의 의미로 가까운 대상을 가리킬 때 쓰며, that은 '저것, 저 사람'의 의미로 멀리 있는 대상을 가리킬 때 쓴다. 가리키는 대상이 복수일 때는 these, those로 쓴다.

this	이것/이 사람	**This** *is* Daniel. **This** *is* a ball.
these	이것들/이 사람들	**These** *are* my sisters. **These** *are* penguins.
that	저것/저 사람	**That** *is* a dog. **That** *is* Ivy.
those	저것들/저 사람들	**Those** *are* English teachers. **Those** *are* watermelons.

핵심 멀리 있는 대상이 복수일 때 those로 나타낸다.

18 형용사의 쓰임

다음 우리말과 일치하도록 주어진 단어를 바르게 배열하시오.

> 수영은 좋은 스포츠이다. (is / sport / good / a)

정답 Swimming _____.

형용사의 쓰임

(대)명사를 수식하거나, 주어나 목적어를 보충 설명하는 보어의 역할을 한다. 형용사는 명사 앞에 쓰이며, 관사가 있는 경우 「관사+형용사+명사」의 어순으로 쓴다.

명사 수식	Sydney is a **big** city. I have **good** friends.
주어를 보충 설명	*Julie* is **honest**. *My brother* is **tall**.
목적어를 보충 설명	My dog makes *me* **happy**.

핵심 관사 a 뒤에 형용사와 명사가 와야 한다.

19 긍정 명령문

다음 주어진 문장을 긍정 명령문으로 바꿔 쓰시오. (4단어로 쓸 것)

> You bring your lunch box.

정답 _____

긍정 명령문

긍정 명령문은 동사원형으로 시작하고, '~해라'라고 해석한다. 명령문은 상대방에게 명령하고 지시할 때 쓰는 문장으로, 듣는 대상(You)이 명확하기 때문에 주어를 생략한다.

You close the door. 〈평서문〉
→ **Close** the door. 〈명령문〉

You turn off the TV. 〈평서문〉
→ **Turn** off the TV. 〈명령문〉

You are quiet in the library. 〈평서문〉
→ **Be** quiet in the library. 〈명령문〉

핵심 '~해라'라는 의미의 긍정 명령문은 동사원형으로 시작한다.

20 시간의 전치사

다음 중 잘못된 부분을 찾아 바르게 고쳐 쓰시오.

> Roses are beautiful on May.

정답 _____ → _____

시간의 전치사

at	(구체적인 시각·시점)에	at noon, at night
on	(요일, 날짜, 특정한 날)에	on Friday, on May 5th, on New Year's Day
in	(오전/오후, 월, 계절, 연도)에	in the morning, in October, in winter, in 2030

핵심 월 앞에는 전치사 in을 쓴다.

01 「there+be동사」 구문

다음 중 빈칸에 알맞은 것을 고르시오.

> _____ many bridges in Seoul?

① Is it   ② Are they

③ Is there   ④ Are there

⑤ Is they

「there+be동사」 구문

「there+be동사」는 '~가 있다'라는 의미로, 뒤에 단수명사나 셀 수 없는 명사가 오면 be동사는 is, 복수명사가 오면 are를 쓴다.

부정문은 「There+be동사+not」으로 쓰며 '~가 없다'로 해석한다. 의문문은 「be동사+there ~?」로 쓰며 '~가 있니?'로 해석한다.

평서문의 어순

There	is / isn't	+	단수명사, 셀 수 없는 명사
	are / aren't		복수명사

의문문의 어순

Is / Isn't	there	+	단수명사, 셀 수 없는 명사 ~?
Are / Aren't			복수명사 ~?

핵심 「there+be동사」 구문의 의문문에서 뒤에 복수명사가 왔으므로 Are로 시작해야 한다.

02 비인칭주어 it / 인칭대명사 it

다음 빈칸에 공통으로 들어갈 말을 고르시오.

> • What time is _____ now?
> • _____ is a gift for you.

① this[This]   ② that[That]

③ it[It]   ④ they[They]

⑤ the[The]

비인칭주어 it

비인칭주어 it은 시간, 날짜, 요일, 날씨, 계절, 거리를 나타낼 때 쓴다.

What time is **it** now? – **It**'s 7 p.m. 〈시간〉

How is the weather? – **It**'s sunny. 〈날씨〉

How far is **it**? – **It**'s 10 kilometers away. 〈거리〉

인칭대명사 it

'그것'의 의미이며, 앞에 나온 특정한 사물을 가리킬 때 사용한다.

This coat is too small. I can't wear **it**.

                                = this coat

핵심 시간을 나타낼 때는 비인칭주어 it을, '그것'을 나타낼 때는 인칭대명사 it을 쓴다.

03 셀 수 있는 명사의 복수형

다음 중 밑줄 친 부분이 어법상 틀린 것을 고르시오.

① I saw many flowers.
② My dad bought me two watchs.
③ Three buses are coming.
④ I have two boxes.
⑤ Can I borrow your pencils?

04 주어에 따른 be동사

다음 빈칸에 들어갈 말이 나머지와 다른 것을 고르시오.

① We _____ twins.
② The bikes _____ new.
③ Friends _____ important.
④ Those _____ my books.
⑤ That _____ my smartphone.

셀 수 있는 명사의 복수형

규칙 변화

대부분의 명사	명사+-s	pen → pens building → buildings
-s, -sh, -ch, -x 로 끝나는 명사	명사+-es	brush → brushes bench → benches
자음+y로 끝나는 명사	y를 i로 바꾸고 +-es	baby → babies body → bodies
자음+o로 끝나는 명사	명사+-es	tomato → tomatoes 예외) piano → pianos memo → memos
-f, -fe로 끝나는 명사	f, fe를 v로 바꾸고 +-es	life → lives 예외) roof → roofs

불규칙 변화

단수형 ≠ 복수형	man → men child → children foot → feet mouse → mice ox → oxen tooth → teeth
단수형 = 복수형	deer → deer sheep → sheep fish → fish

핵심 -ch로 끝나는 명사의 복수형은 끝에 -es를 붙여서 나타낸다.

주어에 따른 be동사

주어(~는)	be동사(~이다)
I	am
you	are
he / she / it	is
we / you / they	are
단수명사 / 셀 수 없는 명사	is
복수명사	are

핵심 주어가 단수명사일 때 be동사는 is를, 복수명사일 때는 are를 쓴다.

05 주어에 따른 일반동사

다음 중 빈칸에 들어갈 수 <u>없는</u> 것을 고르시오.

```
_____ speaks Spanish well.
```

① You
② My uncle
③ He
④ Your brother
⑤ Justin

06 의문사 how

다음 중 대화가 <u>어색한</u> 것을 고르시오.

① A: How are you feeling now?
　B: I'm still feeling sick.
② A: How many legs does a spider have?
　B: It has eight legs.
③ A: How was the movie?
　B: It was boring.
④ A: How much is this car?
　B: I only have one car.
⑤ A: How do you feel about the poem?
　B: It is really great!

주어에 따른 일반동사
주어가 3인칭 단수일 때 보통 동사원형에 -s를 붙여서 3인칭 단수형 동사를 만든다.

주어	동사	목적어
I / You / We / They	love	animals.
He / She / The actor	loves	animals.

핵심 주어진 문장에 3인칭 단수형 동사가 쓰인 점에 유의한다.

의문사 how
'어떻게, 어떤'의 의미로, 상태나 방법, 수단 등을 물을 때 사용한다.
How was your vacation? 〈상태〉
How do you get there? 〈방법·수단〉
How can I turn on this machine? 〈방법·수단〉

'얼마나 많은'의 의미로 수를 물을 때는 「how many+복수명사」를, 양을 물을 때는 「how much+셀 수 없는 명사」를, 가격을 물을 때는 how much를 쓴다.
How many *books* are in the bookshop? 〈수〉
How much *water* is in the cup? 〈양〉
How much are these roses? 〈가격〉

핵심 how much는 가격을 물을 때 쓴다.

07 인칭대명사와 격

다음 중 빈칸에 알맞은 것을 고르시오.

> Those are snails. _____ smell strange.

① It
② Its
③ They
④ Their
⑤ Theirs

08 지시대명사 / 인칭대명사

다음 빈칸에 들어갈 말로 바르게 짝지어진 것을 고르시오.

> • _____ are glasses.
> • _____ is my dress.

① She – They
② These – It
③ You – It
④ They – Those
⑤ It – He

인칭대명사와 격

수	인칭	주격 (~는, ~가)	소유격 (~의)	목적격 (~을)	소유대명사 (~의 것)
단수	1인칭	I	my	me	mine
	2인칭	you	your	you	yours
	3인칭	he she it	his her its	him her it	his hers –
복수	1인칭	we	our	us	ours
	2인칭	you	your	you	yours
	3인칭	they	their	them	theirs

핵심 '그것들'이라는 의미로 문장에서 주어로 쓰일 경우 주격 인칭대명사 **they**를 쓴다.

지시대명사

this는 '이것, 이 사람'의 의미로 가까운 대상을 가리킬 때 쓰며, that은 '저 것, 저 사람'의 의미로 멀리 있는 대상을 가리킬 때 쓴다. 가리키는 대상이 복수일 때는 these, those로 쓴다.

this	이것/이 사람	**This** *is* Daniel. **This** *is* a ball.
these	이것들/이 사람들	**These** *are* my sisters. **These** *are* penguins.
that	저것/저 사람	**That** *is* a dog. **That** *is* Ivy.
those	저것들/저 사람들	**Those** *are* English teachers. **Those** *are* watermelons.

인칭대명사

	단수	복수
1인칭	I	we
2인칭	you	you
3인칭	he/she/it	they

핵심 these는 가까이에 있는 여러 사람이나 사물을 가리킬 때 사용하며, it 은 '그것'이라는 의미로 쓴다.

09 be동사의 부정문과 의문문

다음 중 밑줄 친 부분을 바르게 고친 것을 고르시오.

> • David <u>aren't</u> a scientist.
> • <u>Am</u> my sister and I good students?

① isn't – Is
② am not – Is
③ isn't – Are
④ am not – Are
⑤ are – Is

be동사의 부정문

be동사의 부정문은 「주어+be동사」 뒤에 not을 붙여 '~가 아니다, ~이 없다'의 의미를 나타낸다.

부정문	줄임말	
I am not	I'm not	–
You are not	You're not	You aren't
He/She/It is not	He's/She's/It's not	He/She/It isn't
We/You/They are not	We're/You're/They're not	We/You/They aren't

I am not a nurse. = I'm not a nurse.　　　I amn't a nurse. (X)
You are not kind. = You're not kind. = You aren't kind.
He is not busy. = He's not busy. = He isn't busy.
They are not tired. = They're not tired. = They aren't tired.

be동사의 의문문

「be동사(am/are/is)+주어 ~?」 형태로 쓰며, '~입니까?, ~이 있습니까?'의 의미를 나타낸다.

단수	Am I ~?	Are you ~?	Is he/she/it ~?
복수	Are we ~?	Are you ~?	Are they ~?

의문문에 대한 대답이 긍정일 때는 「Yes, 주어+be동사.」, 부정일 때는 「No, 주어+be동사+not.」으로 나타낸다.
Is she popular? – **Yes**, she **is**. / **No**, she **isn't**.

핵심 be동사의 부정문과 의문문에서 주어가 단수일 때는 **is**를, 복수일 때는 **are**를 쓴다.

10 be동사의 줄임 표현

다음 중 밑줄 친 부분을 줄여 쓸 수 <u>없는</u> 것을 고르시오.

① <u>She is</u> a lawyer.
② <u>It is</u> heavy.
③ <u>They are</u> on the table.
④ <u>I am</u> a good dancer.
⑤ <u>This is</u> my cat.

be동사의 줄임 표현

「주어+be동사」	줄임말
I am	I'm
you are	you're
he is	he's
she is	she's
it is	it's
we are	we're
they are	they're
that is	that's

단, this is는 this's로 줄여 쓸 수 없다.

I'm a dentist.
We're tired.

핵심 **This is**는 줄여서 쓰지 않는다.

11 시간과 장소의 전치사

다음 빈칸에 공통으로 들어갈 말을 고르시오.

> • The library opens _____ 9 o'clock.
> • Mike stayed _____ home last weekend.

① in   ② at
③ on   ④ by
⑤ for

12 일반동사의 부정문

다음 주어진 문장을 부정문으로 바르게 고친 것을 고르시오.

> Ms. Smith cooks very well.

① Ms. Smith isn't cook very well.
② Ms. Smith don't cook very well.
③ Ms. Smith don't cooks very well.
④ Ms. Smith doesn't cook very well.
⑤ Ms. Smith doesn't cooks very well.

13 부정관사 a[an]의 쓰임

다음 중 빈칸에 an을 쓸 수 <u>없는</u> 것을 고르시오.

① There is _____ elephant.
② There is _____ airplane.
③ There is _____ school.
④ There is _____ eraser.
⑤ There is _____ owl.

부정관사 a[an]의 쓰임

셀 수 있는 명사의 단수형 앞에 a 또는 an을 쓴다.

a+자음 소리로 시작 하는 명사	a child	a bike	a house
	a man	a girl	a friend
an+모음 소리로 시작 하는 명사	an apple	an onion	an orange
	an hour	an igloo	an umbrella

핵심 school은 자음 소리로 시작하는 명사임에 유의한다.

14 현재진행형의 의문문

다음 우리말을 영어로 바르게 옮긴 것을 고르시오.

> 너는 내 말을 듣고 있니?

① Are you listen to me?
② Are you listening to me?
③ Do you listening to me?
④ Do you listen to me?
⑤ Do you are listening to me?

현재진행형의 의문문

현재진행형의 의문문은 「be동사의 현재형(am/are/is)+주어+v-ing ~?」의 형태로 '~하고 있니?, ~하는 중이니?'라는 의미를 나타낸다.

I **study** English every day. 〈현재시제〉
→ I **am studying** English now. 〈현재진행형〉
→ **Am** I **studying** English now? 〈현재진행형 의문문〉

The kids **go** to bed late at night. 〈현재시제〉
→ The kids **are going** to bed right now. 〈현재진행형〉
→ **Are** the kids **going** to bed right now? 〈현재진행형 의문문〉

핵심 현재진행형의 의문문은 「be동사의 현재형+주어+v-ing ~?」 형태로 나타낸다.

15 셀 수 없는 명사

다음 중 빈칸에 알맞은 것을 고르시오.

| I want _____ . |

① egg   ② an chair
③ a love   ④ umbrella
⑤ water

셀 수 없는 명사

'하나, 둘, 셋' 등으로 셀 수 없는 명사를 말하며, 셀 수 없는 명사 앞에는 부정관사 a[an]를 붙이거나 복수형으로 쓸 수 없다.

사람 이름	Jessica, Daniel, Tony, Nick, Yuna
도시·나라	Seoul, New York, Canada, Europe
모양이 일정하지 않은 것	air (공기), water (물), juice (주스), coffee (커피), sugar (설탕), rice (쌀), bread (빵), cheese (치즈), money (돈), snow (눈), rain (비)
만지거나 볼 수 없는 것	time (시간), music (음악), peace (평화), health (건강), joy (기쁨), luck (운), happiness (행복)

핵심 셀 수 없는 명사는 앞에 부정관사 a[an]가 오거나 복수형으로 쓸 수 없다.

16 지시대명사

다음 우리말과 일치하도록 밑줄 친 부분을 바르게 고쳐 쓰시오.

| 이 사람들은 Jack의 이모들이다. |
| → <u>This</u> are Jack's aunts. |

정답 _____

지시대명사

this는 '이것, 이 사람'의 의미로 가까운 대상을 가리킬 때 쓰며, that은 '저것, 저 사람'의 의미로 멀리 있는 대상을 가리킬 때 쓴다. 가리키는 대상이 복수일 때는 these, those로 쓴다.

this	이것/이 사람	**This** *is* Daniel. **This** *is* a ball.
these	이것들/이 사람들	**These** *are* my sisters. **These** *are* penguins.
that	저것/저 사람	**That** *is* a dog. **That** *is* Ivy.
those	저것들/저 사람들	**Those** *are* English teachers. **Those** *are* watermelons.

핵심 가까이에 있는 여러 사람을 가리킬 때는 **these**를 쓴다.

17 조동사의 의미

다음 우리말과 일치하도록 주어진 단어를 활용하여 문장을 완성하시오.

너는 프랑스어를 할 수 있니?
(can, speak)

정답 _____ French?

조동사의 의미

can	~할 수 있다 〈능력·가능〉 ~해도 좋다 〈허가〉
may	~해도 좋다 〈허가〉 ~일지도 모른다 〈약한 추측〉
must	~해야 한다 〈의무〉 ~임에 틀림없다 〈강한 추측〉
should	~해야 한다 〈가벼운 의무〉 ~하는 것이 좋다 〈권유·충고〉
will	~할 것이다 〈미래의 일〉 ~하겠다 〈주어의 의지〉

조동사의 의문문은 「(의문사 +) 조동사+주어+동사원형 ~?」으로 쓴다.
May I **sit** here?
Can you **believe** it?
How can I **open** this window?

핵심 '~할 수 있니?'와 같은 능력·가능에 대해 물을 때는 조동사 can을 사용하여 의문문을 만든다.

18 부사의 쓰임

다음 문장의 밑줄 친 부분을 바르게 고쳐 쓰시오.

Alice plays tennis very good.

정답 _____

부사의 쓰임

동사, 형용사, 다른 부사, 문장 전체를 수식하여 의미를 더해준다.

동사 수식	I get up **early**.
형용사 수식	We are **really** good friends.
부사 수식	He can run **very** fast.
문장 전체 수식	**Sadly**, we lost the baseball game.

핵심 앞의 동사 plays를 수식하는 부사가 와야 한다.

19 제안문의 형태

다음 우리말과 일치하도록 주어진 단어를 바르게 배열하시오.

> 지금 바로 스케이트 타러 가자.
> (let's / skating / go)

정답 _____ right now.

제안문의 형태

- Let's+동사원형: ~하자
- Shall we+동사원형 ~?: ~할래?
- Why don't we[you]+동사원형 ~?: ~하는 게 어때?
- What[How] about+(동)명사 ~?: ~는 어때?, ~하는 게 어때?

Let's order some Chinese food.
Why don't we take a break**?**

핵심 '~하자'라는 의미의 제안문은 **Let's** 다음에 동사원형을 써서 나타낸다.

20 형용사의 어순

다음 우리말과 일치하도록 두 문장을 한 문장으로 쓰시오.

> Sue is a student. She is diligent.

> Sue는 부지런한 학생이다.

정답 Sue is _____ .

형용사의 어순

형용사는 명사 앞에 쓰여 명사의 상태를 구체적으로 설명한다. 형용사 앞에 관사나 소유격 등이 올 때는 「관사(a/an/the)+형용사+명사」, 「소유격(my/her/their 등)+형용사+명사」의 어순으로 쓴다.
This is an **old** radio.
There are **tall** trees.
Look at this **cute** baby.
That is their **new** house.

핵심 관사 a 뒤에 형용사와 명사가 와야 한다.

01 인칭대명사와 격

다음 중 빈칸에 들어갈 수 <u>없는</u> 것을 고르시오.

My parents love _____ so much.

① me　　　　　　② their
③ him　　　　　　④ it
⑤ us

인칭대명사와 격

수	인칭	주격 (~는, ~가)	소유격 (~의)	목적격 (~을)	소유대명사 (~의 것)
단수	1인칭	I	my	me	mine
	2인칭	you	your	you	yours
	3인칭	he she it	his her its	him her it	his hers –
복수	1인칭	we	our	us	ours
	2인칭	you	your	you	yours
	3인칭	they	their	them	theirs

핵심 목적어 자리에는 목적격 인칭대명사가 쓰인다.

02 주어에 따른 be동사

다음 빈칸에 들어갈 말이 나머지와 <u>다른</u> 것을 고르시오.

① These _____ my pants.
② His parents _____ not dentists.
③ _____ they apple trees?
④ Her cellphone _____ on the table.
⑤ You _____ not tall.

주어에 따른 be동사

주어(~는)	be동사(~이다)
I	am
you	are
he / she / it	is
we / you / they	are
단수명사 / 셀 수 없는 명사	is
복수명사	are

I **am** a pilot.
You **are** very kind.
They **are** too late.

핵심 주어가 단수일 때 be동사는 is를, 복수일 때는 are를 쓴다.

03 장소의 전치사

다음 빈칸에 공통으로 알맞은 것을 고르시오.

> • Three birds are _____ the cage.
> • There are four seasons _____ Korea.

① in
② at
③ on
④ from
⑤ about

장소의 전치사

at	(장소의 한 지점)에	**at** the bus stop, **at** the airport
on	~ 위에	**on** the table, **on** the paper
in	(공간의 내부, 도시, 국가)에	**in** Seoul, **in** a box

핵심 공간 내부나 국가에 있는 것을 나타낼 때는 전치사 in을 쓴다.

04 형용사의 어순

다음 중 괄호 안의 말이 들어갈 위치를 고르시오.

> ① The rabbit ② has ③ a ④ tail ⑤. (short)

형용사의 어순

형용사는 명사 앞에 쓰여 명사의 상태를 구체적으로 설명한다. 형용사 앞에 관사나 소유격 등이 올 때는 「관사(a/an/the)+형용사+명사」, 「소유격(my/her/their 등)+형용사+명사」의 어순으로 쓴다.

This is an **old** radio.

There are **tall** trees.

Look at this **cute** baby.

That is their **new** house.

핵심 형용사는 관사 뒤, 명사 앞에 쓰인다.

05 주어에 따른 일반동사

다음 중 빈칸에 들어갈 수 <u>없는</u> 것을 고르시오.

> She _____ early in the morning.

① gets up   ② studies
③ exercise   ④ swims
⑤ sings

06 일반동사의 부정문과 의문문

다음 빈칸에 들어갈 말로 바르게 짝지어진 것을 고르시오.

> • She doesn't _____ coffee in the evening.
> • _____ they raise pets?

① drink – Does
② drink – Do
③ drinks – Do
④ drinks – Does
⑤ drinkes – Do

주어에 따른 일반동사

주어가 1인칭, 2인칭이거나 복수일 때, 동사는 동사원형 그대로 쓴다. 주어가 3인칭 단수일 때는 주로 「동사원형+-(e)s」의 형태로 쓴다.

대부분의 동사	동사원형+-s	plays, calls
-o, -s, -ch, -sh, -x로 끝나는 동사	동사원형+-es	does, passes, teaches, washes, fixes
자음+y로 끝나는 동사	y를 i로 바꾸고 +-es	try → tries study → studies
불규칙 동사	have → has	

핵심 주어가 3인칭 단수임에 유의한다.

일반동사의 부정문

동사원형 앞에 do[does] not을 써서 만든다.

주어	부정형	줄임말
1인칭, 2인칭, 복수	do not+동사원형	don't+동사원형
3인칭 단수	does not+동사원형	doesn't+동사원형

We **don't like** sad movies.
Sam **doesn't wear** glasses.

일반동사의 의문문

주어	일반동사의 의문문	대답
1인칭, 2인칭, 복수	Do+주어+동사원형 ~?	Yes, 주어+do. No, 주어+don't.
3인칭 단수	Does+주어+동사원형 ~?	Yes, 주어+does. No, 주어+doesn't.

Do *you* **like** Italian food? – **Yes, I do.**
Does *it* **taste** good? – **No, it doesn't.**

핵심 주어가 3인칭 단수일 때 일반동사의 부정문은 「doesn't+동사원형」을 쓰고, 주어가 복수일 때 의문문은 Do로 시작한다.

07 시간의 전치사

다음 중 밑줄 친 부분이 어법상 틀린 것을 고르시오.

① in October
② on April 21
③ at midnight
④ in Saturday
⑤ at 10:48 p.m.

시간의 전치사

at	(구체적인 시각·시점)에	at noon, at night
on	(요일, 날짜, 특정한 날)에	on Friday, on May 5th, on New Year's Day
in	(오전/오후, 월, 계절, 연도)에	in the morning, in October, in winter, in 2030

핵심 요일 앞에는 전치사 on을 쓴다.

08 긍정 명령문

다음 우리말을 영어로 바르게 옮긴 것을 고르시오.

> 네 친구들에게 정직해라.

① Are honest to your friends.
② Let's honest to your friends.
③ Do honest to your friends.
④ Be honest to your friends.
⑤ Don't be honest to your friends.

긍정 명령문

긍정 명령문은 동사원형으로 시작하고, '~해라'라고 해석한다. 명령문은 듣는 대상(You)이 명확하기 때문에 주어를 생략한다.

You close the door. 〈평서문〉
→ **Close** the door. 〈명령문〉

You turn off the TV. 〈평서문〉
→ **Turn** off the TV. 〈명령문〉

You are quiet in the library 〈평서문〉
→ **Be** quiet in the library. 〈명령문〉

핵심 '~해라'라는 의미의 긍정 명령문은 동사원형으로 시작한다.

09 현재진행형

다음 중 빈칸에 알맞은 것을 고르시오.

> They are _____ now.

① studiing
② lieing
③ danceing
④ eatting
⑤ running

10 셀 수 없는 명사

다음 중 빈칸에 들어갈 수 <u>없는</u> 것을 고르시오.

> I have a _____.

① tomato
② air
③ cup
④ phone
⑤ brother

현재진행형

「be동사(am/are/is)+v-ing」의 형태로, '~하고 있다, ~하는 중이다'라는 의미를 나타낸다. 이때 be동사는 주어의 인칭과 수에 맞게 쓴다.

동사의 진행형(v-ing) 만드는 방법

대부분의 동사	동사원형+-ing	walking, going
-e로 끝나는 동사	e를 빼고+-ing	coming, making
-ie로 끝나는 동사	ie를 y로 바꾸고+-ing	die → dying lie → lying
단모음+단자음으로 끝나는 동사	마지막 자음을 한 번 더 쓰고+-ing	run → running stop → stopping

핵심 동사의 형태에 따라 진행형을 만드는 방법이 다르다는 점에 유의한다.

셀 수 없는 명사

'하나, 둘, 셋' 등으로 셀 수 없는 명사를 말하며, 셀 수 없는 명사 앞에는 부정관사 a[an]를 붙이거나 복수형으로 쓸 수 없다.

사람 이름	Jessica, Daniel, Tony, Nick, Yuna
도시·나라	Seoul, New York, Canada, Europe
모양이 일정하지 않은 것	air (공기), water (물), juice (주스), coffee (커피), sugar (설탕), rice (쌀), bread (빵), cheese (치즈), money (돈), snow (눈), rain (비)
만지거나 볼 수 없는 것	time (시간), music (음악), peace (평화), health (건강), joy (기쁨), luck (운), happiness (행복)

핵심 셀 수 없는 명사는 앞에는 부정관사 a가 올 수 없다.

11 「there+be동사」 구문

다음 중 밑줄 친 부분이 어법상 <u>틀린</u> 것을 고르시오.

① <u>Is</u> there ice in the refrigerator now?
② There <u>isn't</u> a café nearby.
③ There <u>is</u> an ice rink in this town.
④ There <u>aren't</u> bread on the plate.
⑤ <u>Are</u> there children in the park?

---

12 부사의 형태와 의미 / 형용사의 쓰임

다음 빈칸에 들어갈 말로 바르게 짝지어진 것을 고르시오.

- The train arrived _____ .
- It was a _____ day.

① late – wonder
② lately – wonderful
③ late – wonderful
④ lately – wonder
⑤ lately – wonderfully

---

13 명령문 / 제안문의 형태

다음 중 어법상 틀린 고르시오.

① Please turn on the radio.
② Let's going swimming in the pool.
③ Go to the dentist.
④ Be kind to your friends.
⑤ Don't go outside. It's too cold.

명령문의 형태

상대방에게 명령하고 지시할 때 쓰는 문장으로 「동사원형 ~」의 형태로 쓰이며 '~해라'의 의미를 나타낸다. 부정 명령문은 동사원형 앞에 Don't를 붙인 형태로 '~하지 마라'의 의미이다.
명령문 앞에 Please를 붙이면 공손한 부탁의 의미가 된다.
Turn off the TV.
Please be quiet in the library.
Don't turn off the TV.
Don't be shy.

제안문의 형태

- Let's+동사원형: ~하자
- Shall we+동사원형 ~: ~할래?
- Why don't we[you]+동사원형 ~: ~하는 게 어때?
- What[How] about+(동)명사 ~: ~는 어때?, ~하는 게 어때?

핵심 Let's 뒤에는 동사원형이 와야 한다.

14 셀 수 있는 명사의 복수형

다음 중 단어의 복수형이 바르게 짝지어지지 않은 것을 고르시오.

① piano – pianos   ② leaf – leaves
③ zoo – zoos   ④ city – citys
⑤ baby – babies

셀 수 있는 명사의 복수형

대부분의 명사	명사+-s	pen → pens building → buildings
-s, -sh, -ch, -x 로 끝나는 명사	명사+-es	brush → brushes bench → benches
자음+y로 끝나는 명사	y를 i로 바꾸고 +-es	baby → babies body → bodies city → cities
자음+o로 끝나는 명사	명사+-es	tomato → tomatoes 예외) piano → pianos memo → memos zoo → zoos
-f, -fe로 끝나는 명사	f, fe를 v로 바꾸고 +-es	life → lives leaf → leaves 예외) roof → roofs

핵심 자음+y로 끝나는 명사의 복수형은 y를 i로 고치고 -es를 붙여서 만든다.

15 의문사 what, who

다음 빈칸에 들어갈 말이 나머지와 <u>다른</u> 것을 고르시오.

① _____ is your close friend?
② _____ can I do for you?
③ _____ sports does she like?
④ _____ does your mother do?
⑤ _____ will you do on the holiday?

16 비인칭주어 it / 인칭대명사 it

다음 빈칸에 공통으로 들어갈 말을 쓰시오.

- _____ is winter in Australia.
- _____ is my favorite song.

정답 _____

의문사 what, who

의문사는 정보를 구하는 의문문을 만들 때 사용하는 말로, 문장의 맨 앞에 위치한다.
what은 '무엇, 무슨'의 의미로 어떤 것에 대한 정보를 물을 때 사용한다.
What is your blood type?
What time is it now?

who는 '누구'의 의미로 사람에 대한 정보를 물을 때 사용한다.
Who wants more cake?

핵심 의문사 what은 '무엇, 무슨'의 의미, who는 '누구'의 의미이다.

비인칭주어 it

비인칭주어 it은 시간, 날짜, 요일, 날씨, 계절, 거리를 나타낼 때 쓸 수 있다.
What time is it now? – **It's** 7 p.m. 〈시간〉
How is the weather? – **It's** sunny. 〈날씨〉
How far is it? – **It's** 10 kilometers away. 〈거리〉

인칭대명사 it

'그것'의 의미이며, 앞에 나온 특정한 사물을 가리킬 때 사용한다.
This coat is too small. I can't wear **it**.
                              = this coat

핵심 계절을 나타낼 때는 비인칭주어 it을, '그것'의 의미를 나타낼 때는 인칭대명사 it을 쓴다.

17 be동사의 의문문

다음 중 잘못된 부분을 찾아 바르게 고쳐 쓰시오. (1단어로 쓸 것)

> Are your sister a nurse?

정답 _____ → _____

---

18 지시대명사

다음 우리말과 일치하도록 주어진 단어를 바르게 배열하시오.

> 이것들은 신선한 채소들이 아니다.
> (not / fresh / these / vegetables / are)

정답 _____

_____

---

be동사의 의문문

「be동사(am/are/is)+주어 ~?」 형태로 쓰며, '~입니까?, ~이 있습니까?'의 의미를 나타낸다.

단수	Am I ~?	Are you ~?	Is he/she/it ~?
복수	Are we ~?	Are you ~?	Are they ~?

의문문에 대한 대답이 긍정일 때는 「Yes, 주어+be동사.」, 부정일 때는 「No, 주어+be동사+not.」으로 나타낸다.

Is she popular? – **Yes**, she **is**. / **No**, she **isn't**.

핵심 주어가 3인칭 단수이므로 의문문에서 be동사는 **Is**를 쓴다.

지시대명사

this는 '이것, 이 사람'의 의미로 가까운 대상을 가리킬 때 쓰며, that은 '저것, 저 사람'의 의미로 멀리 있는 대상을 가리킬 때 쓴다. 가리키는 대상이 복수일 때는 these, those로 쓴다.

this	이것/이 사람	**This** *is* Daniel. **This** *is* a ball.
these	이것들/이 사람들	**These** *are* my sisters. **These** *are* penguins.
that	저것/저 사람	**That** *is* a dog. **That** *is* Ivy.
those	저것들/저 사람들	**Those** *are* English teachers. **Those** *are* watermelons.

핵심 '이것들은'은 **These are**로 나타낸다.

19 부사의 쓰임

다음 두 문장이 반대의 뜻이 되도록 빈칸에 들어갈 알맞은 단어를 보기 에서 골라 쓰시오.

보기 soft   slow   loudly   quickly

They sang the song quietly.
↔ They sang the song _____.

정답  _____

부사의 쓰임

부사는 동사, 형용사, 다른 부사, 문장 전체를 수식하여 의미를 더해준다.
My friend *studied* **hard**. 〈동사 수식〉
You look **so** *sad*. 〈형용사 수식〉
She came **too** *late*. 〈부사 수식〉
Happily, *the train arrived on time*. 〈문장 전체 수식〉

핵심 주어진 문장의 부사 quietly는 '조용히'의 의미이다.

---

20 조동사 can의 부정문

다음 문장의 밑줄 친 부분을 바르게 고쳐 쓰시오.

She cannot <u>dances</u> well.

정답 _____

조동사 can의 부정문

조동사 can의 부정형인 cannot은 '~할 수 없다'는 불가능이나 '~해서는 안 된다'는 금지를 나타내며 can't로 줄여 쓸 수 있다. cannot[can't] 뒤에는 동사원형이 온다.
He **cannot** swim well. 〈불가능〉
We **can't** play tennis. 〈불가능〉

You **cannot** go out tonight. 〈금지〉
You **can't** open the box. 〈금지〉

핵심 cannot 뒤에는 동사원형이 와야 한다.

01 부정관사 a[an]의 쓰임

다음 중 명사 앞에 **a**나 **an**이 <u>잘못</u> 쓰인 것을 고르시오.

① a tomato   ② a orange
③ a strawberry   ④ a carrot
⑤ a banana

부정관사 a[an]의 쓰임

셀 수 있는 명사의 단수형 앞에 a 또는 an을 쓴다.

a+자음 소리로 시작하는 명사	a child	a bike	a house
	a man	a girl	a friend
an+모음 소리로 시작하는 명사	an apple	an onion	an orange
	an hour	an igloo	an umbrella

핵심 orange는 모음 소리로 시작하는 명사이다.

02 인칭대명사와 격

다음 중 밑줄 친 부분이 어법상 <u>틀린</u> 것을 고르시오.

① This is my watch. <u>It</u> is old.
② This is my friend Paul. <u>It</u> is smart.
③ This is my mother. <u>She</u> is a doctor.
④ These are cookies. <u>They</u> are sweet.
⑤ Those are my sisters. <u>They</u> like Barbie dolls.

인칭대명사와 격

수	인칭	주격 (~는, ~가)	소유격 (~의)	목적격 (~을)	소유대명사 (~의 것)
단수	1인칭	I	my	me	mine
	2인칭	you	your	you	yours
	3인칭	he she it	his her its	him her it	his hers –
복수	1인칭	we	our	us	ours
	2인칭	you	your	you	yours
	3인칭	they	their	them	theirs

핵심 '그'를 의미하는 주격 인칭대명사는 **he**이다.

03 주어에 따른 be동사

다음 빈칸에 들어갈 말로 바르게 짝지어진 것을 고르시오.

> • These _____ his boots.
> • The action movie _____ fantastic.
> • Russia _____ a big country.

① are – is – is
② are – is – am
③ are – are – is
④ is – is – are
⑤ is – are – is

04 be동사의 부정문

다음 중 밑줄 친 부분이 어법상 옳은 것을 고르시오.

① He <u>am not</u> a pianist.
② They <u>are not</u> my friends.
③ Alison <u>not is</u> a teacher.
④ She <u>are not</u> a firefighter.
⑤ I <u>not am</u> Chinese.

주어에 따른 be동사

주어(~는)	be동사(~이다)
I	am
you	are
he / she / it	is
we / you / they	are
단수명사 / 셀 수 없는 명사	is
복수명사	are

I am a pilot.
You are very kind.
They are too late.

핵심 주어가 단수명사일 때 be동사는 **is**를 쓰고, 복수명사일 때는 **are**를 쓴다.

be동사의 부정문

be동사의 부정문은 be동사 뒤에 not을 붙여 '~가 아니다, ~이 없다'의 의미를 나타낸다.

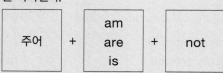

핵심 be동사의 부정문에는 주어가 단수일 때 **is**를, 복수일 때는 **are**를 쓰고 그 뒤에 **not**을 쓴다.

05 be동사의 의문문

다음 중 대화에 어법상 <u>틀린</u> 부분이 있는 것을 고르시오.

① A: Is she a cook?
   B: Yes, she is.
② A: Is that a new car?
   B: Yes, it is.
③ A: Are these your cats?
   B: No, she is not.
④ A: Are you tired?
   B: No, we are not.
⑤ A: Are Jennifer and Sam hungry?
   B: No, they are not.

06 「there+be동사」 구문

다음 우리말을 영어로 바르게 옮긴 것을 고르시오.

> 우리 학교에는 열 개의 교실이 있다.

① There is ten classrooms in my school.
② There is ten classroom in my school.
③ There are ten classroom in my school.
④ There are ten classrooms in my school.
⑤ There are not ten classrooms in my school.

---

be동사의 의문문

「be동사(am/are/is)+주어 ~?」 형태로 쓰며, '~입니까?, ~이 있습니까?'의 의미를 나타낸다.

단수	Am I ~?	Are you ~?	Is he/she/it ~?
복수	Are we ~?	Are you ~?	Are they ~?

의문문에 대한 대답이 긍정일 때는 「Yes, 주어+be동사.」, 부정일 때는 「No, 주어+be동사+not.」으로 나타낸다.

Is she popular? – **Yes**, she **is**. / **No**, she **isn't**.

핵심 be동사의 의문문에 대한 대답에서 주어가 단수일 때 be동사 **is**를, 복수일 때는 **are**를 쓴다.

「there+be동사」 구문

「there+be동사」는 '~가 있다'라는 의미로, 뒤에 단수명사나 셀 수 없는 명사가 오면 be동사는 is, 복수명사가 오면 are를 쓴다. 부정형은 there isn't와 there aren't로 쓰며, '~가 없다'로 해석한다.

There	is / isn't	+	단수명사, 셀 수 없는 명사
	are / aren't		복수명사

핵심 「there+be동사」 구문은 뒤에 오는 명사의 수에 따라 **is**나 **are**를 쓴다.

07 주어에 따른 일반동사

다음 중 빈칸에 들어갈 수 <u>없는</u> 것을 고르시오.

Tony _____ comic books.

① likes
② have
③ wants
④ reads
⑤ buys

08 의문사 what, who

다음 빈칸에 들어갈 말로 바르게 짝지어진 것을 고르시오.

A: _____ is the tall man in sportswear?
B: He is my uncle.
A: _____ is his job?
B: He is a basketball player.

① What – Who
② Who – What
③ Who – Whom
④ What – Whom
⑤ Whom – Who

주어에 따른 일반동사

주어가 1인칭, 2인칭이거나 복수일 때, 동사는 동사원형 그대로 쓴다. 주어가 3인칭 단수일 때는 주로 「동사원형+-(e)s」의 형태로 쓴다.

대부분의 동사	동사원형+-s	plays, calls
-o, -s, -ch, -sh, -x로 끝나는 동사	동사원형+-es	does, passes, teaches, washes, fixes
자음+y로 끝나는 동사	y를 i로 바꾸고 +-es	try → tries study → studies
불규칙 동사	have → has	

따라서, 주어에 따라 아래와 같이 동사의 형태가 달라지게 된다.

주어	동사	목적어
I / You / We / They	love	animals.
He / She / The actor	loves	animals.

핵심 주어가 3인칭 단수임에 유의한다.

의문사 what, who

의문사는 정보를 구하는 의문문을 만들 때 사용하는 말로, 문장의 맨 앞에 위치한다.
what은 '무엇, 무슨'의 의미로 어떤 것에 대한 정보를 물을 때 사용한다.
What is your blood type?
What time is it now?

who는 '누구'의 의미로 사람에 대한 정보를 물을 때 사용한다.
Who wants more cake?

핵심 의문사 what은 '무엇, 무슨'의 의미, who는 '누구'의 의미이다.

09 비인칭주어 it / 인칭대명사 it

다음 중 밑줄 친 It[it]의 쓰임이 나머지와 다른 것을 고르시오.

① It was noon.
② How far is it?
③ What season is it?
④ It will be December 25.
⑤ Who will bring it tomorrow?

비인칭주어 it

비인칭주어 it은 시간, 날짜, 요일, 날씨, 계절, 거리를 나타낼 때 쓸 수 있다.
What time is it now? - It's 7 p.m. 〈시간〉
How is the weather? - It's sunny. 〈날씨〉
How far is it? - It's 10 kilometers away. 〈거리〉

인칭대명사 it

'그것'의 의미이며, 앞에 나온 특정한 사물을 가리킬 때 사용한다.
This coat is too small. I can't wear it.
                             = this coat

핵심 비인칭주어 it과 앞에 언급된 특정한 사물을 가리킬 때는 쓰는 인칭대명사 it을 구분한다.

10 형용사의 쓰임

다음 우리말과 일치하도록 빈칸에 알맞은 것을 고르시오.

저 다리는 길다.
→ The bridge _____.

① long
② not long
③ is long
④ is not long
⑤ is a long

형용사의 쓰임

(대)명사를 수식하거나, 주어나 목적어를 보충 설명하는 보어의 역할을 한다.

명사 수식	Sydney is a **big** city. I have **good** friends.
주어를 보충 설명	*Julie* is **honest**. *My brother* is **tall**.
목적어를 보충 설명	My dog makes *me* **happy**.

핵심 주어진 문장에 주어를 보충 설명하는 형용사가 쓰여야 하므로, 빈칸에는 be동사와 형용사가 와야 한다.

11 조동사의 의미

다음 빈칸에 공통으로 들어갈 말을 고르시오.

> • I need the book. _____ you lend it to me?
> • She looks young. _____ she ride a horse?

① Do   ② Can
③ May   ④ Must
⑤ Should

12 시간과 장소의 전치사

다음 빈칸에 공통으로 들어갈 말을 고르시오.

> • The cat is lying _____ the carpet.
> • I was very happy _____ my birthday.

① in   ② at
③ on   ④ for
⑤ with

13 현재진행형

다음 중 밑줄 친 부분이 어법상 옳은 것을 고르시오.

① Irene is driing her hair.
② I am walkking fast.
③ A man is singiing.
④ They are cutting paper.
⑤ Max is studiing for the test.

14 부정 명령문

다음 중 빈칸에 알맞은 것을 고르시오.

Don't _____ those flowers.

① to pick
② pick
③ picking
④ not picking
⑤ picked

현재진행형

「be동사(am/are/is)+v-ing」의 형태로, '~하고 있다, ~하는 중이다'라는 의미를 나타낸다. 이때 be동사는 주어의 인칭과 수에 맞게 쓴다.

동사의 진행형(v-ing) 만드는 방법

대부분의 동사	동사원형+-ing	walk**ing**, go**ing**
-e로 끝나는 동사	e를 빼고+-ing	com**ing**, mak**ing**
-ie로 끝나는 동사	ie를 y로 바꾸고+-ing	die → d**ying** lie → l**ying**
단모음+단자음으로 끝나는 동사	마지막 자음을 한 번 더 쓰고+-ing	run → run**ning** stop → stop**ping**

핵심 cut은 단모음+단자음으로 끝나는 동사이다.

부정 명령문

부정 명령문은 「Don't+동사원형」의 형태로 '~하지 마라'라는 뜻을 나타낸다.
Don't turn off the TV.
Don't be shy.

핵심 부정 명령문은 **Don't** 뒤에 동사원형을 쓴다.

15 형용사와 부사의 쓰임

다음 중 밑줄 친 부분이 어법상 틀린 것을 고르시오.

① You must be <u>carefully</u>.
② Lea is a <u>good</u> singer.
③ <u>Luckily</u>, I got there on time.
④ I will leave here <u>early</u> tomorrow morning.
⑤ This smartphone is <u>too</u> expensive.

형용사와 부사의 쓰임

형용사는 (대)명사를 수식하거나, 주어나 목적어를 보충 설명하는 보어의 역할을 한다.
I bought a **new** *bike*. 〈명사 수식〉
My girlfriend is **pretty**. 〈주격보어〉
My dog makes *me* **happy**. 〈목적격보어〉

부사는 동사, 형용사, 다른 부사, 문장 전체를 수식하여 의미를 더해준다.
My grandfather *talks* **slowly**. 〈동사 수식〉
I heard the news. It was **very** *sad*. 〈형용사 수식〉
She walks **really** *fast*. 〈부사 수식〉
Unfortunately, *I can't go to your party*. 〈문장 전체 수식〉

핵심 주격보어 역할을 하는 것은 형용사이다.

16 셀 수 없는 명사

우리말과 일치하도록 잘못된 부분을 찾아 바르게 고쳐 쓰시오.

> 시간은 돈이다.
> → Times is money.

정답 ＿＿＿＿＿＿＿＿＿ → ＿＿＿＿＿＿＿＿＿

셀 수 없는 명사

'하나, 둘, 셋' 등으로 셀 수 없는 명사를 말하며, 셀 수 없는 명사 앞에는 부정관사 a[an]를 붙이거나 복수형으로 쓸 수 없다.

사람 이름	Jessica, Daniel, Tony, Nick, Yuna
도시·나라	Seoul, New York, Canada, Europe
모양이 일정하지 않은 것	air (공기), water (물), juice (주스), coffee (커피), sugar (설탕), rice (쌀), bread (빵), cheese (치즈), money (돈), snow (눈), rain (비)
만지거나 볼 수 없는 것	time (시간), music (음악), peace (평화), health (건강), joy (기쁨), luck (운), happiness (행복)

핵심 셀 수 없는 명사는 복수형으로 쓸 수 없다.

17 일반동사의 부정문과 의문문

다음 빈칸에 공통으로 들어갈 말을 쓰시오.

• Tom, _____ they write books?

• You _____ not remember my name.

_____

18 의문사 how

다음 문장의 밑줄 친 부분을 바르게 고쳐 쓰시오. (2단어로 쓸 것)

A: <u>How many</u> is the washing machine?

B: It's 700 dollars.

정답 _____

일반동사의 부정문

동사원형 앞에 do[does] not을 써서 나타낸다.

주어	부정형	줄임말
1인칭, 2인칭, 복수	do not+동사원형	don't+동사원형
3인칭 단수	does not+동사원형	doesn't+동사원형

We **don't like** sad movies.
Sam **doesn't wear** glasses.

일반동사의 의문문

주어	일반동사의 의문문	대답
1인칭, 2인칭, 복수	Do+주어+동사원형 ~?	Yes, 주어+do. No, 주어+don't.
3인칭 단수	Does+주어+동사원형 ~?	Yes, 주어+does. No, 주어+doesn't.

Do *you* **like** Italian food? – **Yes, I do.**
Does *it* **taste** good? – **No, it doesn't.**

핵심 주어가 복수이거나 2인칭일 때 일반동사의 부정문과 의문문에는 **do**를 쓴다.

의문사 how

'어떻게, 어떤'의 의미로, 상태나 방법, 수단을 물을 때 사용한다.
How was your trip to Hawaii? 〈상태〉
How can I turn on this machine? 〈방법·수단〉

'얼마나 많은'의 의미로 수를 물을 때는 「how many+복수명사」를, 양을 물을 때는 「how much+셀 수 없는 명사」를, 가격을 물을 때는 how much를 쓴다.
How many *books* are in the bookshop? 〈수〉
How much *water* is in the cup? 〈양〉
How much are these roses? 〈가격〉

핵심 질문에 대한 대답으로 볼 때 수를 묻는 것이 아닌 가격을 묻는 것임에 유의한다.

19 조동사 can의 부정문

다음 우리말과 일치하도록 주어진 단어를 바르게 배열하시오.

나는 여기서 내 친구를 찾을 수가 없다.
(my / I / friend / can't / find)

정답 _____

_____ here.

20 지시대명사 / 인칭대명사와 격

다음 우리말과 일치하도록 주어진 단어를 활용하여 문장을 완성하시오. (3단어로 쓸 것)

나는 저기 있는 Lily와 Lewis를 안다. 저 사람들은 나의 새로운 반 친구들이다. (those)

→ I know Lily and Lewis over there. _____
_____ new classmates.

정답 _____

조동사 can의 부정문

조동사 can의 부정형인 cannot은 '~할 수 없다'는 불가능이나 '~해서는 안 된다'는 금지를 나타내며 can't로 줄여쓸 수 있다. cannot[can't] 뒤에는 동사원형이 온다.

He **cannot** swim well. 〈불가능〉
We **can't** play tennis. 〈불가능〉

You **cannot** go out tonight. 〈금지〉
You **can't** open the box. 〈금지〉

핵심 조동사 can의 부정형인 can't 뒤에 동사원형이 오는 어순으로 쓴다.

지시대명사

this는 '이것, 이 사람'의 의미로 가까운 대상을 가리킬 때 쓰며, that은 '저 것, 저 사람'의 의미로 멀리 있는 대상을 가리킬 때 쓴다. 가리키는 대상이 복수일 때는 these, those로 쓴다.

this	이것/이 사람	This *is* Daniel. This *is* a ball.
these	이것들/이 사람들	These *are* my sisters. These *are* penguins.
that	저것/저 사람	That *is* a dog. That *is* Ivy.
those	저것들/저 사람들	Those *are* English teachers. Those *are* watermelons.

인칭대명사와 격

수	인칭	주격 (~는, ~가)	소유격 (~의)	목적격 (~을)	소유대명사 (~의 것)
단수	1인칭	I	my	me	mine
	2인칭	you	your	you	yours
	3인칭	he she it	his her its	him her it	his hers –
복수	1인칭	we	our	us	ours
	2인칭	you	your	you	yours
	3인칭	they	their	them	theirs

핵심 멀리 있는 사람들을 지칭하는 지시대명사는 those로, '나의'라는 의미는 소유격 my로 나타낸다.

01 셀 수 없는 명사 / 부정관사 a[an]의 쓰임

다음 중 빈칸에 **a**나 **an**을 쓸 수 **없는** 것을 고르시오.

① _____ peace   ② _____ pilot
③ _____ UFO   ④ _____ igloo
⑤ _____ star

셀 수 없는 명사

'하나, 둘, 셋' 등으로 셀 수 없는 명사를 말하며, 셀 수 없는 명사 앞에는 부정관사 a[an]를 붙이거나 복수형으로 쓸 수 없다.

사람 이름	Jessica, Daniel, Tony, Nick, Yuna
도시·나라	Seoul, New York, Canada, Europe
모양이 일정하지 않은 것	air (공기), water (물), juice (주스), coffee (커피), sugar (설탕), rice (쌀), bread (빵), cheese (치즈), money (돈), snow (눈), rain (비)
만지거나 볼 수 없는 것	time (시간), music (음악), peace (평화), health (건강), joy (기쁨), luck (운), happiness (행복)

부정관사 a[an]의 쓰임

셀 수 있는 명사의 단수형 앞에 a 또는 an을 쓴다. 자음 소리로 시작하는 명사 앞에는 a가, 모음 소리로 시작하는 명사 앞에는 an이 온다.

핵심 셀 수 없는 명사는 앞에 a나 an이 올 수 없다.

02 주어에 따른 일반동사

다음 빈칸에 들어갈 동사의 형태가 바르게 짝지어진 것을 고르시오.

| • The baby _____ a lot. (cry) |
| • My father _____ work at 7 p.m. (finish) |

① cries – finishs
② crys – finishes
③ crys – finishs
④ cries – finishes
⑤ cries – finish

주어에 따른 일반동사

주어가 1인칭, 2인칭이거나 복수일 때, 동사는 동사원형 그대로 쓴다. 주어가 3인칭 단수일 때는 주로 「동사원형+-(e)s」의 형태로 쓴다.

대부분의 동사	동사원형+-s	plays, calls
-o, -s, -ch, -sh, -x로 끝나는 동사	동사원형+-es	does, passes, teaches, washes, fixes
자음+y로 끝나는 동사	y를 i로 바꾸고 +-es	try → tries study → studies
불규칙 동사	have → has	

핵심 cry는 자음+y로 끝나는 동사, finish는 -sh로 끝나는 동사이다.

03 일반동사의 의문문

다음 중 어법상 <u>틀린</u> 것을 고르시오.

① Does you like pickles?
② Does your sister walk to school?
③ Do they live in Seoul?
④ Does your father speak Chinese?
⑤ Does he teach math in a school?

일반동사의 의문문

주어	일반동사의 의문문	대답
1인칭, 2인칭, 복수	Do+주어+동사원형 ~?	Yes, 주어+do. No, 주어+don't.
3인칭 단수	Does+주어+동사원형 ~?	Yes, 주어+does. No, 주어+doesn't.

Do *you* **like** Italian food? – **Yes, I do.**
Does *it* **taste** good? – **No**, it **doesn't**.

핵심 주어가 2인칭 you인 일반동사의 의문문은 Do를 써서 나타낸다.

04 주어에 따른 be동사

다음 빈칸에 들어갈 말이 나머지와 <u>다른</u> 것을 고르시오.

① We _____ not foolish.
② They _____ not nurses.
③ This _____ not my chair.
④ Ted and Lisa _____ not doctors.
⑤ These tomatoes _____ not fresh.

주어에 따른 be동사

주어(~는)	be동사(~이다)
I	am
you	are
he / she / it	is
we / you / they	are
단수명사 / 셀 수 없는 명사	is
복수명사	are

I am a pilot.
You are very kind.
They are too late.

핵심 주어가 단수일 때 be동사는 is를 쓴다.

05 형용사와 부사의 쓰임

다음 괄호 안에서 어법상 옳은 것끼리 바르게 짝지어진 것을 고르시오.

- The large / largely box is for my mom.
- Cars are coming! Be careful / carefully .
- A baby is crying loud / loudly .

① large – careful – loud
② large – carefully – loudly
③ large – careful – loudly
④ largely – carefully – loudly
⑤ largely – careful – loud

형용사와 부사의 쓰임

형용사는 (대)명사를 수식하거나, 주어나 목적어를 보충 설명하는 보어의 역할을 한다.
I bought a **new** *bike*. 〈명사 수식〉
My girlfriend is **pretty**. 〈주격보어〉
My dog makes *me* **happy**. 〈목적격보어〉

부사는 동사, 형용사, 다른 부사, 문장 전체를 수식하여 의미를 더해준다.
My grandfather *talks* **slowly**. 〈동사 수식〉
I heard the news. It was **very** *sad*. 〈형용사 수식〉
She walks **really** *fast*. 〈부사 수식〉
Unfortunately, *I can't go to your party*. 〈문장 전체 수식〉

핵심 형용사는 명사를 수식하거나 be동사 뒤에서 주어를 보충 설명하는 역할을 하며, 부사는 동사를 수식한다.

06 인칭대명사와 격

다음 중 빈칸에 들어갈 수 <u>없는</u> 것을 고르시오.

Kate misses _____ very much.

① me   ② her
③ you   ④ them
⑤ we

인칭대명사와 격

수	인칭	주격 (~는, ~가)	소유격 (~의)	목적격 (~을)	소유대명사 (~의 것)
단수	1인칭	I	my	me	mine
	2인칭	you	your	you	yours
	3인칭	he she it	his her its	him her it	his hers –
복수	1인칭	we	our	us	ours
	2인칭	you	your	you	yours
	3인칭	they	their	them	theirs

핵심 동사 misses의 목적어 역할을 하는 목적격 대명사가 와야 한다.

07 부정관사 a[an]의 쓰임

다음 우리말을 영어로 바르게 옮긴 것을 고르시오.

> 나는 매일 책을 읽는다.

① I read book a every day.
② I read book an every day.
③ I read a book every day.
④ I read an book every day.
⑤ I reads book every day.

부정관사 a[an]의 쓰임
셀 수 있는 명사의 단수형 앞에 a 또는 an을 쓴다.

a+자음 소리로 시작 하는 명사	a child	a bike	a house
	a man	a girl	a friend
an+모음 소리로 시작 하는 명사	an apple	an onion	an orange
	an hour	an igloo	an umbrella

핵심 셀 수 있는 명사 book이 하나이며 자음 소리로 시작하므로 앞에는 a 를 쓴다.

08 현재진행형

다음 중 밑줄 친 부분을 바르게 고친 것을 고르시오.

> • Julia is make hamburgers.
> • Do the children playing basketball?

① makes – Is
② makeing – Are
③ making – Are
④ makes – Are
⑤ making – Is

현재진행형
현재진행형은 「be동사의 현재형(am/are/is)+v-ing」의 형태로 '~하고 있다, ~하는 중이다'라는 의미를 나타낸다. 이때 be동사는 주어의 인칭과 수에 맞 게 쓴다.

동사의 진행형(v-ing) 만드는 방법

대부분의 동사	동사원형+-ing	walking, going
-e로 끝나는 동사	e를 빼고+-ing	coming, making
-ie로 끝나는 동사	ie를 y로 바꾸고+ -ing	die → dying lie → lying
단모음+단자음으로 끝나는 동사	마지막 자음을 한 번 더 쓰고+-ing	run → running stop → stopping

현재진행형의 의문문
현재진행형의 의문문은 주어와 be동사의 위치를 바꾸어 나타낸다.
I **study** English every day. 〈현재시제〉
→ I **am studying** English now. 〈현재진행형〉
→ **Am I studying** English now? 〈현재진행형 의문문〉

The kids **go** to bed late at night. 〈현재시제〉
→ The kids **are going** to bed right now. 〈현재진행형〉
→ **Are** the kids **going** to bed right now? 〈현재진행형 의문문〉

핵심 현재진행형은 be동사의 현재형 뒤에 v-ing 형태로 쓰며, 현재진행형 의문문은 be동사와 주어의 자리를 바꾸어 나타낸다.

09 형용사의 쓰임

다음 중 빈칸에 알맞은 것을 고르시오.

> Her pink dress is _____.

① expensive
② look
③ the girl
④ a beautiful
⑤ the large

10 비인칭주어 it

다음 우리말을 영어로 바르게 옮기지 <u>않은</u> 것을 고르시오.

① 곧 비가 올 것이다.
→ It's going to rain soon.
② 오늘은 10월 4일이다.
→ It's October 4 today.
③ 지금은 오후 6시 20분이다.
→ It's 6:20 p.m. now.
④ 병원까지는 그렇게 멀지 않다.
→ This is not too far to the hospital.
⑤ 오늘은 무슨 요일입니까?
→ What day is it today?

11 be동사의 줄임 표현

다음 중 밑줄 친 부분이 어법상 틀린 것을 고르시오.

① My sisters aren't tall.
② He's healthy.
③ I amn't heavy.
④ Ann isn't here.
⑤ They're Kate's shoes.

be동사의 줄임 표현

「주어+be동사」	줄임말
I am	I'm
you are	you're
he is	he's
she is	she's
it is	it's
we are	we're
they are	they're
that is	that's

단, this is는 this's로 줄여 쓸 수 없다.

be동사의 부정문

be동사의 부정문은 「주어+be동사」 뒤에 not을 붙여 '~가 아니다, ~이 없다'를 나타낸다.

부정문	줄임말	
I am not	I'm not	–
You are not	You're not	You aren't
He/She/It is not	He's/She's/It's not	He/She/It isn't
We/You/They are not	We're/You're/They're not	We/You/They aren't

단, am not은 amn't로 줄여 쓸 수 없다.

핵심 am not은 amn't로 줄여 쓰지 않는다.

12 장소의 전치사

다음 빈칸에 공통으로 들어갈 말을 고르시오.

• Mom is _____ the bank now.
• I met Josh _____ the door.

① on   ② in
③ at   ④ to
⑤ from

장소의 전치사

in	~ 안에	A mouse is **in** the box.
under	~ 아래에	A bag is **under** the chair.
on	~ 위에 (표면에 닿은)	A doll is **on** the bed.
at	~에(서)	They are **at** the store.
behind	~ 뒤에	Jaden is **behind** the tree.
in front of	~ 앞에	I am **in front of** the car.
over	~ 너머에 ~ 위에 (표면과 떨어진)	A picture is **over** the bed.
next to	~ 옆에	A ball is **next to** the box.
between	~ 사이에	He is **between** you and Dan.

핵심 특정 지점을 가리킬 때는 전치사 at을 쓴다.

13 의문사 how

다음 중 빈칸에 알맞은 것을 고르시오.

| A: _____ was your exam? |
| B: It was very difficult. |

① How   ② How many
③ How tall   ④ How much
⑤ How long

14 긍정 명령문

다음 중 어법상 **틀린** 것을 고르시오.

① Wash your hands before meals.
② Feel the fresh air.
③ Be careful on the stairs.
④ Does your homework first.
⑤ Turn off your cell phone.

의문사 how

'어떻게, 어떤'의 의미로, 상태나 방법, 수단 등을 물을 때 사용한다.
How was your vacation? 〈상태〉
How do you get there? 〈방법·수단〉
How can I turn on this machine? 〈방법·수단〉

'얼마나 많은'의 의미로 수를 물을 때는 「how many+복수명사」를, 양을 물을 때는 「how much+셀 수 없는 명사」를, 가격을 물을 때는 how much를 쓴다.
How many *books* are in the bookshop? 〈수〉
How much *water* is in the cup? 〈양〉
How much are these roses?

얼마나 ~한[하게]'의 의미를 나타낼 때는 「how+형용사[부사]」를 쓴다.

- how old: 몇 살의, 얼마나 오래된 〈나이〉
- how tall: 얼마나 키가 큰/높은 〈키, 높이〉
- how long: 얼마나 긴/오랫동안 〈길이, 기간〉
- how far: 얼마나 먼 〈거리〉
- how often: 얼마나 자주 〈빈도〉

핵심 상태를 나타낼 때는 의문사 how를 쓴다.

긍정 명령문

긍정 명령문은 동사원형으로 시작하고, '~해라'라고 해석한다. 명령문은 상대방에게 명령하고 지시할 때 쓰는 문장으로, 듣는 대상(You)이 명확하기 때문에 주어를 생략한다.
You close the door. 〈평서문〉
→ **Close** the door. 〈명령문〉

You turn off the TV. 〈평서문〉
→ **Turn** off the TV. 〈명령문〉

You are quiet in the library 〈평서문〉
→ **Be** quiet in the library. 〈명령문〉

핵심 '~해라'라는 의미의 긍정 명령문은 동사원형으로 시작한다.

15 조동사 can

다음 중 보기의 밑줄 친 부분과 의미가 같은 것을 고르시오.

> 보기 Robert <u>can</u> speak Korean.

① He <u>can</u> stay here.
② She <u>can</u> use my spoon.
③ I <u>can</u> pass the math exam.
④ You <u>can</u> come to the party.
⑤ You <u>can</u> go shopping with me.

16 일반동사의 부정문

다음 주어진 문장을 부정문으로 바꿔 쓰시오. (줄여 쓸 수 있는 부분은 줄여 쓸 것)

> My mother plays the violin well.

정답 _____

_____

조동사 can

조동사 can은 '~할 수 있다'의 의미로 능력·가능을 나타내거나 '~해도 좋다'의 의미로 허가를 나타낼 수 있다. 조동사 뒤에는 동사원형이 온다.

I **can** *use* chopsticks. 〈능력·가능〉
It **can** *swim* well. 〈능력·가능〉

You **can** *come* in. 〈허가〉
They **can** *go* home. 〈허가〉

핵심 주어진 문장에서 can은 '~할 수 있다'를 나타낸다.

일반동사의 부정문

동사원형 앞에 do[does] not을 써서 만든다.

주어	부정형	줄임말
1인칭, 2인칭, 복수	do not+동사원형	don't+동사원형
3인칭 단수	does not+동사원형	doesn't+동사원형

We **don't like** sad movies.
Sam **doesn't wear** glasses.

핵심 주어가 3인칭 단수 My mother이며 일반동사 plays가 쓰인 문장이므로, 일반동사의 부정문에는 does not[doesn't]이 쓰인다.

17 「there+be동사」 구문

다음 중 <u>잘못된 부분</u>을 찾아 바르게 고쳐 쓰시오. (**1**단어로 쓸 것)

> There is two students in the school.

정답 _____ ➡ _____

「there+be동사」 구문

「there+be동사」는 '~가 있다'라는 의미로, 뒤에 단수명사나 셀 수 없는 명사가 오면 be동사는 is, 복수명사가 오면 are를 쓴다. 부정형은 there isn't와 there aren't로 쓰며, '~가 없다'로 해석한다.

There	is / isn't	+	단수명사, 셀 수 없는 명사
	are / aren't		복수명사

핵심 「there+be동사」 뒤에 복수명사가 온 형태이다.

18 be동사의 의문문

다음 우리말과 일치하도록 주어진 단어를 바르게 배열하시오.

> 그것은 네 컴퓨터니?
> (it / your / is / computer)

정답 _____

be동사의 의문문

「be동사(am/are/is)+주어 ~?」 형태로 쓰며, '~입니까?, ~이 있습니까?'의 의미를 나타낸다.

단수	Am I ~?	Are you ~?	Is he/she/it ~?
복수	Are we ~?	Are you ~?	Are they ~?

의문문에 대한 대답이 긍정일 때는 「Yes, 주어+be동사.」, 부정일 때는 「No, 주어+be동사+not.」으로 나타낸다.

Is she popular? – **Yes**, she is. / **No**, she isn't.

핵심 be동사의 의문문이므로 be동사 Is 뒤에 주어가 온다.

19 부정 명령문

다음 주어진 문장을 부정 명령문으로 바꿔 쓰시오. (5단어로 쓸 것)

> You play the guitar loudly.

정답 _____

_____

부정 명령문

부정 명령문은 「Don't+동사원형」의 형태로 '~하지 마라'라는 뜻을 나타낸다.

You don't walk around. 〈평서문〉
→ **Don't walk** around. 〈부정 명령문〉

Turn off the TV. 〈평서문〉
→ **Don't turn off** the TV. 〈부정 명령문〉

핵심 부정 명령문은 주어 없이 **Don't** 뒤에 동사원형을 쓴다.

20 시간의 전치사

다음 문장의 밑줄 친 부분을 바르게 고쳐 쓰시오.

> We have no class in Sunday.

정답 _____

시간의 전치사

at	(구체적인 시각·시점)에	at noon, at night
on	(요일, 날짜, 특정한 날)에	on Friday, on May 5th, on New Year's Day
in	(오전/오후, 월, 계절, 연도)에	in the morning, in October, in winter, in 2030

핵심 요일 앞에는 전치사 **on**을 쓴다.

01 지시대명사

다음 우리말과 일치하도록 빈칸에 알맞은 것을 고르시오.

저것들은 네 부츠이다.

→ _____ are your boots.

① This   ② That
③ Those   ④ These
⑤ It

지시대명사

this는 '이것, 이 사람'의 의미로 가까운 대상을 가리킬 때 쓰며, that은 '저 것, 저 사람'의 의미로 멀리 있는 대상을 가리킬 때 쓴다. 가리키는 대상이 복수일 때는 these, those로 쓴다.

this	이것/이 사람	**This** *is* Daniel. **This** *is* a ball.
these	이것들/이 사람들	**These** *are* my sisters. **These** *are* penguins.
that	저것/저 사람	**That** *is* a dog. **That** *is* Ivy.
those	저것들/저 사람들	**Those** *are* English teachers. **Those** *are* watermelons.

핵심 주어진 문장의 '저것들'에 해당하는 지시대명사는 Those이다.

---

02 주어에 따른 be동사

다음 빈칸에 들어갈 수 <u>없는</u> 것을 고르시오.

_____ is clean.

① His room
② This river
③ My school library
④ The water
⑤ The cities

주어에 따른 be동사

주어(~는)	be동사(~이다)
I	am
you	are
he / she / it	is
we / you / they	are
단수명사 / 셀 수 없는 명사	is
복수명사	are

I am a pilot.
You are very kind.
They are too late.

핵심 be동사 is는 단수명사나 셀 수 없는 명사와 함께 쓰인다.

03 일반동사의 의문문

다음 질문에 대한 대답으로 알맞은 것을 고르시오.

> Does he need a new shirt?

① Yes, he do.
② No, he don't.
③ No, he doesn't.
④ Yes, he is.
⑤ No, he isn't.

일반동사의 의문문

주어	일반동사의 의문문	대답
1인칭, 2인칭, 복수	Do+주어+동사원형 ~?	Yes, 주어+do. No, 주어+don't.
3인칭 단수	Does+주어+동사원형 ~?	Yes, 주어+does. No, 주어+doesn't.

Do *you* **like** Italian food? – **Yes**, I **do**.
Does *it* **taste** good? – **No**, it **doesn't**.

핵심 주어가 3인칭 단수인 일반동사의 의문문이므로, 대답은 「Yes, 주어 +does.」 또는 「No, 주어+doesn't.」가 되어야 한다.

04 현재진행형

다음 우리말을 영어로 바르게 옮긴 것을 고르시오.

> 나는 내 방을 청소하는 중이다.

① I am cleaning my room.
② I clean my room.
③ I cleaned my room.
④ I do clean my room.
⑤ I can clean my room.

현재진행형

「be동사의 현재형(am/are/is)+v-ing」의 형태로, '~하고 있다, ~하는 중이다'라는 의미를 나타낸다. 이때 be동사는 주어의 인칭과 수에 맞게 쓴다.
I study English every day. 〈현재시제〉
→ **I am studying** English now. 〈현재진행형〉

The kids **go** to bed late at night. 〈현재시제〉
→ The kids **are going** to bed right now. 〈현재진행형〉

핵심 현재진행형은 「be동사의 현재형+v-ing」의 형태로 나타낸다.

05 일반동사의 부정문

다음 빈칸에 알맞은 것을 고르시오.

My sister _____ watch horror movies.

① isn't   ② don't
③ doesn't   ④ am not
⑤ aren't

06 형용사의 쓰임

다음 중 빈칸에 들어갈 수 <u>없는</u> 것을 고르시오.

You are a _____ boy.

① love   ② smart
③ diligent   ④ handsome
⑤ good

동사원형 앞에 do[does] not을 써서 만든다.

주어	부정형	줄임말
1인칭, 2인칭, 복수	do not+동사원형	don't+동사원형
3인칭 단수	does not+동사원형	doesn't+동사원형

We **don't like** sad movies.
Sam **doesn't wear** glasses.

핵심 주어가 3인칭 단수이며 일반동사가 있는 문장이므로, 부정문에는 does not[doesn't]을 써야 한다.

형용사의 쓰임

(대)명사를 수식하거나, 주어나 목적어를 보충 설명하는 보어의 역할을 한다. 형용사는 명사 앞에 쓰이며, 관사가 있는 경우 「관사+형용사+명사」의 어순으로 쓴다.

명사 수식	Sydney is a **big** city. I have **good** friends.
주어를 보충 설명	*Julie* is **honest**. *My brother* is **tall**.
목적어를 보충 설명	My dog makes *me* **happy**.

핵심 관사 a와 명사 boy 사이에서 명사를 수식하는 역할을 하는 것은 형용사이다.

07 be동사의 부정문

다음 중 괄호 안의 말이 들어갈 위치를 고르시오.

My dog ① is ② in ③ my ④ room ⑤. (not)

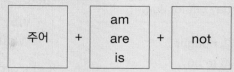
08 의문사 what, how

다음 대화의 빈칸에 들어갈 말이 나머지와 다른 것을 고르시오.

① A: _____ is it?
   B: It's my new bag.
② A: _____ much is it?
   B: It is 900 won.
③ A: _____ time is it now?
   B: It's six o'clock.
④ A: _____ color is this flower?
   B: It's pink.
⑤ A: _____ day is it today?
   B: Today is Sunday.

09 제안문의 형태

다음 빈칸에 알맞은 것을 고르시오.

> Let's _____ a birthday gift for Joe.

① buys　　　　② bought
③ buy　　　　④ to buy
⑤ buying

제안문의 형태

- Let's+동사원형: ~하자
- Shall we+동사원형 ~?: ~할래?
- Why don't we[you]+동사원형 ~?: ~하는 게 어때?
- What[How] about+(동)명사 ~?: ~는 어때?, ~하는 게 어때?

Let's order some Chinese food.
Why don't we take a break?

핵심 제안문은 **Let's** 뒤에 동사원형을 써서 나타낸다.

---

10 조동사 can

밑줄 친 **can**의 의미가 나머지와 <u>다른</u> 것을 고르시오.

① She <u>can</u> play the drums.
② You <u>can</u> eat this cake.
③ My brother <u>can</u> swim very well.
④ <u>Can</u> he read Japanese?
⑤ <u>Can</u> your cat jump high?

조동사 can

조동사 can은 '~할 수 있다'의 의미로 능력·가능을 나타내거나 '~해도 좋다'의 의미로 허가를 나타낸다. 조동사 뒤에는 동사원형이 온다.

I **can** *use* chopsticks. 〈능력·가능〉
It **can** *swim* well. 〈능력·가능〉

You **can** *come* in. 〈허가〉
They **can** *go* home. 〈허가〉

핵심 조동사 can은 '~할 수 있다'와 '~해도 된다'라는 의미를 나타낸다.

11 인칭대명사와 격

다음 중 빈칸에 들어갈 수 <u>없는</u> 것을 고르시오.

_____ hands are small.

① His
② Hers
③ Your
④ Their
⑤ My

12 「there+be동사」 구문

다음 중 어법상 <u>틀린</u> 것을 고르시오.

① There is a piece of pizza.
② There aren't our umbrellas now.
③ There aren't my clock in my room.
④ There are many cars on the street.
⑤ There is some money in his pocket.

인칭대명사와 격

수	인칭	주격 (~는, ~가)	소유격 (~의)	목적격 (~을)	소유대명사 (~의 것)
단수	1인칭	I	my	me	mine
	2인칭	you	your	you	yours
	3인칭	he / she / it	his / her / its	him / her / it	his / hers / –
복수	1인칭	we	our	us	ours
	2인칭	you	your	you	yours
	3인칭	they	their	them	theirs

핵심 명사가 누구의 것인지 나타낼 때 명사 앞에 소유격을 쓴다.

「there+be동사」 구문

「there+be동사」는 '~가 있다'라는 의미로, 뒤에 단수명사나 셀 수 없는 명사가 오면 be동사는 is, 복수명사가 오면 are를 쓴다. 부정형은 be동사 뒤에 not을 붙여서 there isn't 또는 there aren't로 쓰며 '~가 없다'로 해석한다.

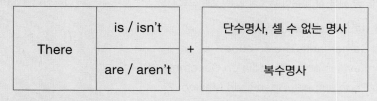

There	is / isn't	+	단수명사, 셀 수 없는 명사
	are / aren't		복수명사

핵심 「there+be동사」 구문은 뒤에 오는 명사의 수에 따라 be동사 is나 are를 쓴다.

13 형용사와 부사의 쓰임

다음 중 빈칸에 알맞은 것을 고르시오.

> The river _____.

① long
② is
③ is very
④ is very long
⑤ is long very

형용사와 부사의 쓰임

형용사의 쓰임

(대)명사를 수식하거나, 주어나 목적어를 보충 설명하는 보어의 역할을 한다.

명사 수식	Sydney is a **big** city. I have **good** friends.
주어를 보충 설명	*Julie* is **honest**. *My brother* is **tall**.
목적어를 보충 설명	My dog makes *me* **happy**.

부사의 쓰임

동사, 형용사, 다른 부사, 문장 전체를 수식하여 의미를 더해준다.

동사 수식	I get up **early**.
형용사 수식	We are **really** good friends.
부사 수식	He can run **very** fast.
문장 전체 수식	**Sadly**, we lost the baseball game.

핵심 형용사는 be동사 뒤에 쓰여 주어를 보충 설명할 수 있으며, 부사는 형용사 앞에 쓰여 형용사를 수식할 수 있다.

---

14 시간과 장소의 전치사

다음 중 밑줄 친 부분이 어법상 옳은 것을 고르시오.

① It often snows <u>at</u> winter.
② Some drinks are <u>on</u> cups.
③ Kevin is going to India <u>on</u> December.
④ People speak Spanish <u>in</u> Mexico.
⑤ He bought me a scarf <u>in</u> June 11.

시간과 장소의 전치사

시간의 전치사

at	(구체적인 시각·시점)에	**at** 8:30 a.m., **at** night
on	(요일, 날짜, 특정한 날)에	**on** June 21, **on** Friday, **on** the weekend
in	(오전/오후, 월, 계절, 연도)에	**in** the morning, **in** March, **in** summer, **in** 2030

장소의 전치사

at	(장소의 한 지점)에	**at** the bus stop, **at** the airport
on	~ 위에	**on** the table, **on** the paper
in	(공간의 내부, 도시, 국가)에	**in** Seoul, **in** a box

핵심 국가 앞에는 전치사 in을 쓴다.

15 비인칭주어 it / 인칭대명사 it

다음 중 밑줄 친 **It**의 쓰임이 나머지와 다른 것을 고르시오.

① <u>It</u> is five fifteen.
② <u>It</u> is close from here.
③ <u>It</u> is a snowy day.
④ <u>It</u> is Thanksgiving Day.
⑤ <u>It</u> is Sophie's bag.

16 지시대명사

다음 우리말과 일치하도록 주어진 단어를 바르게 배열하시오.

> 이것들은 너의 책들이니?
> (books / your / these / are)

정답 _____

17 주어에 따른 일반동사

다음 중 잘못된 부분을 찾아 바르게 고쳐 쓰시오.

> Rona drys her hair every day.

정답 _____ → _____

주어에 따른 일반동사

주어가 1인칭, 2인칭이거나 복수일 때, 동사는 동사원형 그대로 쓴다. 주어가 3인칭 단수일 때는 주로 「동사원형+-(e)s」의 형태로 쓴다.

대부분의 동사	동사원형+-s	plays, calls
-o, -s, -ch, -sh, -x로 끝나는 동사	동사원형+-es	does, passes, teaches, washes, fixes
자음+y로 끝나는 동사	y를 i로 바꾸고 +-es	try → tries study → studies
불규칙 동사	have → has	

핵심 dry는 자음+y로 끝나는 동사이므로 y를 i로 바꾸고 -es를 붙여야 한다.

18 조동사 can의 의문문

다음 우리말과 일치하도록 주어진 단어를 활용하여 문장을 완성하시오.

> 너는 이 문제를 풀 수 있니?
> (can, solve, this problem)

정답 _____

조동사 can의 의문문

조동사 can이 포함된 의문문은 「(의문사+)Can+주어+동사원형 ~?」으로 쓴다.

능력(~할 수 있니?)	Can he bend his knee? - Yes, he can. / No, he can't.
허락(~해도 될까?)	Can I open the door? - Yes, you can. / No, you can't.
요청(~해 주겠니?)	Can you pass me the salt, please? - Yes, I can. / No, I can't.

핵심 조동사 can이 포함되었으며 의문사가 없는 의문문은 「Can+주어+동사원형 ~?」의 형태로 쓴다.

60

19 부정관사 a[an]의 쓰임

다음 우리말과 일치하도록 주어진 단어 앞에 a 또는 an을 써서 문장을 완성하시오.

> 지우개 하나가 책상 위에 있다. (eraser)
> → _____ is on the desk.

정답 _____

부정관사 a[an]의 쓰임

셀 수 있는 명사의 단수형 앞에 a 또는 an을 쓴다.

a+자음 소리로 시작하는 명사	a child	a bike	a house
	a man	a girl	a friend
an+모음 소리로 시작하는 명사	an apple	an onion	an orange
	an hour	an igloo	an umbrella

핵심 명사 eraser의 발음은 모음으로 시작한다.

20 셀 수 있는 명사의 복수형

다음 문장의 밑줄 친 부분을 바르게 고쳐 쓰시오.

> Potatos are delicious.

정답 _____

셀 수 있는 명사의 복수형

규칙 변화

대부분의 명사	명사+-s	pen → pens building → buildings
-s, -sh, -ch, -x로 끝나는 명사	명사+-es	brush → brushes bench → benches
자음+y로 끝나는 명사	y를 i로 바꾸고 +-es	baby → babies body → bodies
자음+o로 끝나는 명사	명사+-es	tomato → tomatoes potato → potatoes 예외) piano → pianos memo → memos
-f, -fe로 끝나는 명사	f, fe를 v로 바꾸고 +-es	life → lives 예외) roof → roofs

불규칙 변화

단수형 ≠ 복수형	man → men	child → children
	foot → feet	mouse → mice
	ox → oxen	tooth → teeth
단수형 = 복수형	deer → deer	sheep → sheep
	fish → fish	

핵심 명사 potato는 자음+o로 끝나므로, 복수형은 명사+-es가 되어야 한다.

MEMO

MEMO

MEMO

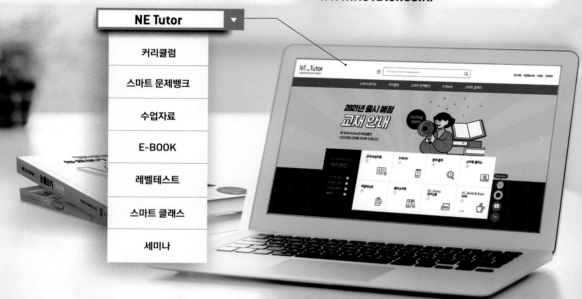